INFÂNCIA E LINGUAGEM:
BAKHTIN, VYGOTSKY E BENJAMIN

COLEÇÃO
MAGISTÉRIO: FORMAÇÃO E TRABALHO PEDAGÓGICO

Esta coleção que ora apresentamos visa reunir o melhor do pensamento teórico e crítico sobre a formação do educador e sobre seu trabalho, expondo, por meio da diversidade de experiências dos autores que dela participam, um leque de questões de grande relevância para o debate nacional sobre a Educação.

Trabalhando com duas vertentes básicas – magistério/formação profissional e magistério/trabalho pedagógico –, os vários autores enfocam diferentes ângulos da problemática educacional, tais como: a orientação na pré-escola, a educação básica: currículo e ensino, a escola no meio rural, a prática pedagógica e o cotidiano escolar, o estágio supervisionado, a didática do ensino superior etc.

Esperamos, assim, contribuir para a reflexão dos profissionais da área de educação e do público leitor em geral, visto que nesse campo o questionamento é o primeiro passo na direção da melhoria da qualidade do ensino, o que afeta todos nós e o país.

Ilma Passos Alencastro Veiga
Coordenadora

SOLANGE JOBIM E SOUZA

INFÂNCIA E LINGUAGEM:
BAKHTIN, VYGOTSKY E BENJAMIN

PAPIRUS EDITORA

Capa	Fernando Cornacchia
Foto de capa	Rennato Testa
Copidesque	Lúcia Helena Lahoz Morelli
Revisão	Jazon da Silva Santos e Maria Rita Barbosa Frezzarin

Dados Internacionais de Catalogação na Publicação (CIP)
(Câmara Brasileira do Livro, SP, Brasil)

Jobim e Souza, Solange
Infância e linguagem: Bakhtin, Vygotsky e Benjamin/Solange
Jobim e Souza. – 13ª ed. – Campinas, SP: Papirus, 2012. – (Coleção
Magistério: Formação e Trabalho Pedagógico)

Bibliografia.
ISBN 978-85-308-0262-2

1. Bakhtin, Mikhail Mikhailovitch, 1895-1975 – Crítica e interpretação
2. Benjamin, Walter, 1892-1940 – Crítica e interpretação 3. Crianças –
Linguagem 4. Linguagem – Filosofia 5. Vygotsky, Lev Semenovich,
1896-1934 – Crítica e interpretação I. Título. II. Série.

12-00341   CDD-401

Índices para catálogo sistemático:

1. Infância e linguagem: Teoria   401
2. Linguagem infantil: Teoria   401

13ª Edição – 2012
11ª Reimpressão – 2025
Tiragem: 60 exs.

Exceto no caso de citações, a grafia deste livro está atualizada segundo o Acordo Ortográfico da Língua Portuguesa adotado no Brasil a partir de 2009.

Proibida a reprodução total ou parcial da obra de acordo com a lei 9.610/98.
Editora afiliada à Associação Brasileira dos Direitos Reprográficos (ABDR).

DIREITOS RESERVADOS PARA A LÍNGUA PORTUGUESA:
© M.R. Cornacchia Editora Ltda. – Papirus Editora
R. Barata Ribeiro, 79, sala 316 – CEP 13023-0 – Vila Itapura
Fone: (19) 3790-1300 – Campinas – São Paulo – Brasil
E-mail: editora@papirus.com.br – www.papirus.com.br

À memória de Francisco,
intérprete silencioso
de meu diálogo
com as coisas da vida.

A Vicente, Tatiana e Aline,
"pelo nosso amor maduro e não moderno
convivência de felicidade e paciência
– fruta boa".

SUMÁRIO

PREFÁCIO 11

INTRODUÇÃO 13

EM BUSCA DE NOVOS PARADIGMAS
PARA AS CIÊNCIAS HUMANAS 19

CIÊNCIA OU CONTRACIÊNCIA:
O DILEMA DAS CIÊNCIAS HUMANAS 29
    A polêmica 29
    Definindo o conteúdo das ciências humanas 30
    A questão do estatuto epistemológico
    das ciências humanas 31
    Marx e a teoria da alienação 34
    Capitalismo e alienação 37
    A imagem do capitalismo e da alienação
    nas conversas infantis 38
    Capitalismo e modernidade 41

O empobrecimento da experiência e
a vivência da modernidade 43
O potencial político da arte sem aura 47
O cinema e a estética do choque 48
A ruptura epistemológica 50

RESSIGNIFICANDO A PALAVRA, OS OBJETOS
E A INFÂNCIA POR MEIO DA PSICANÁLISE 53

O dilema da psicanálise e sua
função como contraciência 54
A crítica ao inconsciente freudiano 59
O olhar, a palavra, o "eu" e o "outro" 62
O contexto semântico do mundo dos objetos 67
Ampliando a noção de inconsciente 71
Conceitos freudianos e a temática benjaminiana 76
O sonho e o surrealismo 77
A atenção ao particular como forma de apreensão do real . 81
A imagem e sua dimensão pedagógica 85
Infância e psicanálise na apreensão da realidade 88

A LINGUAGEM COMO DESVIO PARADIGMÁTICO 93

Ressonâncias teóricas na concepção de linguagem
em Bakhtin, Vygotsky e Benjamin 93

BAKHTIN: A DIMENSÃO IDEOLÓGICA
E DIALÓGICA DA LINGUAGEM 97

A crítica ao pensamento filosófico linguístico 97
O caráter dialógico da linguagem 99
Considerações sobre a dialética e a
concepção dialógica da verdade 102
Entoação e apreciação: O encontro da palavra com a vida . 104
A compreensão como processo ativo e criativo 109
O papel do "outro" na relação dialógica 110
Interação verbal, consciência e ideologia 111
A palavra e a constituição das ideologias 115

L.S. VYGOTSKY: LINGUAGEM E CONSTRUÇÃO SOCIAL DA CONSCIÊNCIA ... 123

Vygotsky e a crítica à psicologia contemporânea ... 123
O signo como instrumento da consciência ... 124
Linguagem, consciência e ideologia ... 125
As raízes genéticas do pensamento e da palavra ... 127
O significado da palavra: Unidade e transformação ... 128
A semântica e a fonética no desenvolvimento da linguagem ... 129
Egocentrismo: Um caminho para a análise da fala interior ... 131
Pensamento e palavra na psicologia e na literatura ... 133

WALTER BENJAMIN: A LINGUAGEM COMO EXPRESSÃO CRÍTICA DA MODERNIDADE ... 137

A dimensão mimética da linguagem ... 138
A dimensão metafísica da linguagem ... 142
Imaginação e infância na mediação entre a experiência sensível e a racionalidade possível ... 146
Infância como recuperação da pura expressão ... 150
Messianismo, marxismo e história ... 154

AINDA UMA VEZ... ... 157

BIBLIOGRAFIA ... 163

POSFÁCIO ... 171

Entrar em si mesmo, não encontrar ninguém durante horas — eis o que se deve saber alcançar. Estar sozinho como se estava quando criança, enquanto os adultos iam e vinham, ligados a coisas que pareciam importantes e grandes porque esses adultos tinham um ar tão ocupado e porque nada se entendia de suas ações. Se depois um dia a gente descobre que suas ocupações são mesquinhas e suas profissões, petrificadas, sem ligação alguma com a vida, por que não voltar e olhá-los outra vez como uma criança olha para uma coisa estranha, do âmago de seu próprio mundo, dos longes de sua própria solidão que é, por si só, trabalho, dignidade e profissão? Por que querer trocar a sábia não compreensão de uma criança pela defensiva e pelo desprezo, uma vez que a não compreensão significa solidão, ao passo que defensiva e desprezo equivalem à participação nas próprias coisas cujo afastamento se deseja?

Rainer Maria Rilke

PREFÁCIO

Escrevo este prefácio com a intenção de dividir com você, leitor, minha emoção de ver publicado este trabalho de Solange Jobim e Souza, pesquisadora já conhecida por seus relevantes estudos na área da educação infantil. Emoção, em primeiro lugar, porque estas páginas me colocam — mais uma vez — muito perto da amiga que tanto admiro, companheira de diferentes trabalhos, ao longo de mais de dez anos de convivência. Emoção, em segundo lugar, porque tive oportunidade de compartilhar das indagações instigantes e do crepitar das ideias à medida que o texto ia sendo produzido — quando Solange, Maria Teresa Freitas e eu desenvolvíamos o doutorado em Educação na PUC do Rio de Janeiro — e, desde então, fui sendo tomada pela convicção de que o público merecia ter acesso às discussões e às reflexões que nele são travadas.

É, pois, uma emoção banhada de razão, ou vice-versa, já que considero esta obra oportuna e necessária a todos aqueles que lidam com a criança, seja no cinema, na literatura, na poesia, na televisão, na escola, no dia a dia; aos que investigam a infância e a linguagem, nos mais variados campos do saber; a todos aqueles que pensam criticamente a vida contemporânea, o mal-estar da cultura e da civilização, as contradições da modernidade.

O livro rompe com as abordagens convencionais da infância, e de seu texto irrompe uma perspectiva que nega tanto a infantilização da criança, quanto a burocratização ou a instrumentalização da linguagem. Tendo a coragem de enfrentar temas atuais — embora nada triviais — do campo das ciências humanas, a análise desenvolvida traz as dimensões ética e estética para o centro do debate sobre o conhecimento humano, comprometendo-se com uma visão de infância onde razão e paixão coexistem vivas.

"Este texto queima as mãos e, ainda assim, não se pode largá-lo", foi a expressão cunhada na nossa equipe de pesquisa na Faculdade de Educação da Universidade do Estado do Rio de Janeiro, ao ler o trabalho. Queima, eu digo agora, porque nele as ideias ardem, cintilam, faíscam; e não podemos largá-lo porque suas ideias, ao mesmo tempo, anunciam, apontam, indicam caminhos. Solange escreve — como ela mesma afirma, citando Clarice Lispector — porque existe uma coisa que pergunta. E na construção original da sua escrita, na busca de respostas, ela transita com brilhante segurança teórica pelas obras de Benjamin, Bakhtin, Vygotsky, Lispector, Guattari, Pasolini que, por sua vez, fornecem-lhe novas perguntas. Esses autores falam, as crianças falam e, sobretudo, Solange fala, subvertendo a ótica tão consagrada de dominação da infância, e fornecendo ao leitor um referencial que coloca em destaque a reflexão crítica sobre o empobrecimento da experiência e da linguagem no mundo moderno.

Walter Benjamin, num de seus fragmentos, tece uma imagem da irresistível atração que têm as crianças pelos destroços, criando sempre o novo a partir do que foi destruído. No atual contexto em que vivemos, no qual a miséria, a indignação e a necessidade de esperança acompanham os destroços da nossa vida cotidiana, a leitura deste livro pode nos ajudar a compreender e a aprender com as crianças que é possível fazer história do lixo da história. E esta é, sem dúvida, uma de suas mais belas e importantes contribuições.

Sonia Kramer

INTRODUÇÃO

Gostaria pois que a fala e a escuta que aqui se traçarão fossem semelhantes às idas e vindas de uma criança que brinca em torno da mãe, dela se afasta e depois volta, para lhe trazer uma pedrinha, um fiozinho de lã, desenhando assim ao redor de um centro calmo toda uma área de jogo, no interior da qual a pedrinha ou a lã importam finalmente menos do que o dom cheio de zelo que delas se faz.

Roland Barthes

O que conduz o movimento desta introdução é a reconstrução, de forma breve, dos tortuosos caminhos percorridos pelo pensamento em torno de uma ideia. O pensamento é um labirinto de surpresas. Por que não ir ao encontro delas? Aceitando esse desafio, deixei essa ideia crescer, tornando-me, enfim, sua prisioneira. Enfrentando ambivalências, medos e angústias, fui conquistando a liberdade de dizê-la em palavras, tarefa sempre árdua. Mas será que "escrever existe por si mesmo?", indaga Clarice Lispector, respondendo em seguida: "Não. Escrever é apenas o reflexo de uma coisa que pergunta." E a pergunta aqui surgiu propriamente como uma imagem que, por alguma misteriosa razão, insistiu em se revelar por meio de dois temas fundamentais – infância e linguagem – que se entrecruzam nos diferentes momentos da construção deste texto.

Quando falo de imagem quero dizer precisamente que a ideia original do tema deste livro chegou a mim, de forma quase intuitiva, pelo cinema. No cinema-arte encontrei uma concepção de infância despojada de sua caricatura *infantilizada*, imagens que não hesitavam em confrontar a criança com as realidades da existência humana. Tomando a criança como protagonista de um perpétuo desafio lançado ao mundo, o cinema busca recuperar o lugar da infância ante a indiferença e o desprezo do mundo adulto. No cinema, a criança e o adulto se confrontam e nesse confronto buscam uma reconciliação, um entendimento comum. No espelho do cinema encontrei uma face da infância que quer reconstituir sua própria imagem, subvertendo as falsas representações que a visão adultocêntrica de seu mundo não foi capaz de subverter. Como disse François Vallet (1991), o cinema faz da criança o anti-herói de nosso século; toda sua força e toda sua riqueza se revelam na sensibilidade que ela demonstra possuir. Enfim, essa trajetória de ideias que se concretizam em palavras poderia ter sido, talvez, uma trajetória de imagens e, possivelmente, encontraria, nesse modo de expressão, uma síntese mais direta, em comparação aos caminhos que o texto me exige percorrer.

Outra fonte de inspiração se relaciona à descoberta da literatura como possibilidade de revelação de "verdades" que o conhecimento dito científico não é capaz de penetrar. Nesse aspecto, Clarice Lispector merece um destaque especial, pois toda imaginação e toda ousadia que encontrei para conduzir minhas indagações epistemológicas a partir de uma reflexão, linguagem e modernidade estão contidas no fragmento que transcrevo em seguida:

> Um dia desses vi sobre a mesa uma talhada de melancia. E, assim sobre a mesa nua, parecia o riso de um louco (não sei explicar melhor). Não fosse a resignação a um mundo que me obriga a ser sensata, como eu gritaria de susto às alegres monstruosidades pré-históricas da terra. Só um infante não se espanta: também ele é uma alegre monstruosidade que se repete desde o começo da história do homem. Só depois é que

vêm o medo, o apaziguamento do medo, a negação do medo — a civilização enfim. Enquanto isso, sobre a mesa nua, a talhada gritante de melancia vermelha. Sou grata a meus olhos que ainda se espantam tanto. Ainda verei muitas coisas. Para falar a verdade, mesmo sem melancia, uma mesa nua também é algo para se ver. (Clarice Lispector, 1978, p. 74)

Essas ideias tão maravilhosamente explicitadas por Clarice, embora há muito presentes na intimidade de meu modo de pensar a realidade, escondiam-se timidamente em meus pensamentos. Por meio delas pude então aceitar o desafio de ir ao encontro de um caminho desviante na formulação das bases teóricas que permitissem situar a busca da *verdade* nos interstícios da arte com a ciência.

Mas de que maneira a imagem original e sensível da infância, presente no cinema-arte e na literatura, foi sendo articulada em cada capítulo, com questões que dizem respeito à filosofia da ciência, à filosofia da linguagem e do pensamento, à psicanálise e à reflexão sobre o empobrecimento da experiência no mundo moderno?

Inicialmente no primeiro capítulo deste livro, procurei problematizar a origem da insatisfação com o conhecimento atual sobre o homem contemporâneo, mostrando a necessidade de novos paradigmas para que as ciências humanas encontrem respostas adequadas às novas exigências éticas e estéticas do mundo moderno. A proposta que surge dessa indagação tem um duplo desdobramento: por um lado, a necessidade de construir uma concepção de linguagem que, recuperando o sentido da palavra, recuperasse por meio dele a essencial originalidade com que devem ser tratadas as questões humanas e sociais; por outro, a compreensão da infância como caminho indireto para a discussão crítica do mal-estar da cultura do adulto no mundo moderno.

Em seguida, a intenção foi resgatar, de modo crítico, a história da constituição das ciências humanas, levando em conta, evidentemente, a configuração ideológica que conduziu seus desdobramentos no mundo capitalista. Apresenta-se então uma discussão fundamental para que o leitor possa acompanhar a importância que a linguagem vai assumir no contexto da evolução dessas ideias. A discussão desenvolvida nesse capítulo desemboca numa reflexão sobre os conceitos psicanalíticos segundo uma perspectiva epistemológica. Desse modo, o capítulo seguinte discute as consequências das descobertas da psicanálise para o aparato conceitual das ciências humanas. A conclusão que aí se destaca é a possibilidade de um radical rompimento com os paradigmas positivistas e cientificistas no interior das ciências humanas. Esse rompimento, no entanto, irá exigir um aprofundamento na discussão de uma concepção de linguagem que restaure o valor do sentido da palavra humana. A psicanálise devolve ao sujeito humano não apenas seu discurso, mas a autoria de sua palavra e o lugar do seu desejo no confronto com a realidade, sendo por isso um referencial teórico extremamente poderoso para ressignificar a própria linguagem, os objetos e a infância num mundo que, cada vez mais, está destituindo o valor da experiência sensível na relação do homem com a vida.

Das reflexões epistemológicas sobre a psicanálise surge a necessidade da construção de uma concepção de linguagem entendida como espaço de recuperação do sujeito como ser histórico, social e cultural. Essa construção se realiza no diálogo entre as ideias teóricas de Mikhail Bakhtin, Lev Semenovich Vygotsky e Walter Benjamin. Da articulação das ressonâncias conceituais existentes nas ideias desses autores emerge uma concepção de linguagem como desvio paradigmático, a partir do qual as ciências humanas podem encontrar um caminho para o confronto dos limites do conhecimento com a verdade, estabelecendo, nesse confronto, um compromisso fundamental entre a ciência e a arte.

O último capítulo se constitui numa síntese dos desdobramentos anteriores, resgatando, ainda uma vez, a *infância* e a *linguagem* como paradigmas que elucidam uma ciência dos valores da ação e uma ciência dos valores da expressão — uma, ética, e outra, estética — nas ciências humanas.

Sem a preocupação de compartilhar as regras do jogo da ciência e da teoria organizada, a composição deste texto mais se aproximou da forma do ensaio, pois, não tendo — e nem podendo ter — a pretensão de desenvolver uma construção fechada ou sequer dedutiva, tomou como modelo a mobilidade da imaginação conjugada com a diversidade de enfoques teóricos. Assim, foi possível encontrar uma metodologia mais inquiridora do que normativa.

Um outro aspecto que se destaca na construção deste texto é a presença da criança dialogando com o leitor, mostrando, por meio do seu modo de falar, com ela interpreta e constrói a realidade social na relação com os outros. Sem uma preocupação em delimitar *a priori* temas específicos, fui registrando falas episódicas extraídas de situações do cotidiano e intercalando esses diferentes fragmentos das falas infantis com as ideias teóricas dos autores anteriormente citados. O caminho metodológico que orientou a construção dessas reflexões epistemológicas foram as constantes absorção e transformação de diferentes textos — de textos literários e teóricos às conversas infantis — construindo, com esse mosaico de citações, uma proximidade maior com o efêmero e com o transitório na apreensão da complexidade multifacetada e polifônica da realidade humana e social no contexto do mundo contemporâneo.

Muitas pessoas me ajudaram de diferentes maneiras na construção deste trabalho. Meus agradecimentos sinceros: a Regina de Assis, Leandro Konder e Katia Muricy, por terem me seduzido com sua sabedoria e encorajado a me "perder" apaixonadamente pelos labirintos do mundo das ideias; a Sonia Kramer e Maria Teresa Freitas, pela cumplicidade, pelo afeto e pela perseverança com que aprendemos a temperar nossa amizade; a Tereza Pinheiro, por ter me ensinado a não temer voltar aos fatos e revolvê-los como se fossem "preciosidades nos sóbrios aposentos de meu entendimento tardio"; a Lair, minha querida mãe, que, por amor, sempre soube compreender e aceitar nossas pueris diferenças; aos amigos Miguel Farah Neto, Luiz Carlos Gil Esteves, Eliane Ribeiro Andrade, Maria Fernanda Rezende Nunes, Iná Gonçalves Brito, Maria Luiza Oswald, Siomara Leite, Lúcia Rabello de Castro e Vania Lins, que, com carinho, paciência e atenção, ouviram minhas ideias e, de modos diversos, deram suas contribuições intelectual e afetiva; às crianças que construíram um intertexto no texto maior, dando mais vida a esta narrativa.

EM BUSCA DE NOVOS PARADIGMAS PARA AS CIÊNCIAS HUMANAS

> *Sinal secreto. Transmite-se oralmente uma frase de Schuler. Todo conhecimento, disse ele, deve conter um mínimo de contrassenso, como os antigos padrões de tapete ou de frisos ornamentais, onde sempre se pode descobrir, nalgum ponto, um desvio insignificante de seu curso normal. Em outras palavras: o decisivo não é o prosseguimento de conhecimento em conhecimento, mas o salto que se dá em cada um deles. É a marca imperceptível da autenticidade que os distingue de todos os objetos em série fabricados segundo um padrão.*
>
> Walter Benjamin

A origem da insatisfação com o conhecimento atual sobre o homem contemporâneo pode ser melhor compreendida quando resgatamos, no curso da história das ciências humanas, uma determinada concepção de homem e de realidade social inteiramente construída com base nos modelos de cientificidade retirados das ciências naturais. As ciências humanas, reivindicando o *status* de serem científicas, aderiram ao universo do pensamento axiomático, calcado na lógica matemática, substituindo progressivamente o mundo da realidade humana, chegando mesmo a abolir a própria distinção entre pessoas e coisas. Aderindo aos estilos de pensamento das ciências naturais, as ciências humanas propiciam uma série de reificações que acabam por desumanizar o indivíduo da mesma forma que os sistemas político e econômico o desumanizam, quando apresentam como impessoais aqueles aspectos que a ordem vigente necessita remover, ocultar ou dissimular para minimizar as contundentes contradições da sociedade de classes. Ao abolir a própria distinção entre pessoas e coisas, as ciências humanas acabam facilitando o uso das pessoas como se fossem coisas, colaborando, então, para uma crescente desumanização das relações sociais.

Evidentemente, essas abordagens positivistas nas ciências humanas revelam algo sobre o homem e a sociedade atual, mas a questão principal é saber *o que* revelam, *com quais* intenções ideológicas e *com que* profundidade discutem os paradoxos, as contradições e as ambiguidades que regem a existência do homem no mundo moderno. Tentando responder a essas questões, observamos que as limitações são inúmeras. A principal delas é não conseguir escapar de um determinismo que simplifica as complexas relações sociais do homem com seu meio, a partir de uma visão fragmentada e mecanicista. Cindindo a realidade em espaços hierarquicamente valorizados, elas se apoiam em uma concepção que perde de vista o homem em sua totalidade histórica, social e cultural e lidam com sua imagem abstrata e idealizada, forjada em representações retiradas do senso comum. De acordo com Kosik (1986), a falsa compreensão da realidade manifesta-se no método do princípio abstrato, que despreza a riqueza do real, isto é, sua contraditoriedade e sua multiplicidade de significados, levando em conta apenas aqueles fatos que estão de acordo com o princípio abstrato.

A insatisfação com os modelos teóricos de base positivista surge a partir de muitos questionamentos que não encontram neles respostas adequadas às novas exigências éticas do mundo neste momento atual. Qual a relação da cultura com a noção de progresso em nossa realidade contemporânea? Como remover os obstáculos epistemológicos que impedem uma compreensão da relação entre cultura e contemporaneidade para além das experiências sociais reificadas? Aquilo que vem sendo dito sobre a noção de progresso e civilização no mundo moderno precisa ser revisto para que haja um avanço nesse campo. Com base nessas questões, torna-se fundamental a adoção de um enfoque metodológico que resgate no homem contemporâneo o seu caráter de sujeito social, histórico e cultural. Ser sujeito é ter o direito de se colocar como autor das transformações sociais. Uma vez que a linguagem é o que caracteriza e marca o homem, trata-se de restaurar nas ciências humanas o seu valor como constituidora do sujeito e da própria realidade. É *na* linguagem, e *por meio* dela, que construímos a leitura da vida e da nossa própria história. Com a linguagem somos capazes de imprimir sentidos que, por serem provisórios, refletem a essencial transitoriedade da própria vida e de nossa existência histórica. Ao mesmo tempo, a linguagem também registra aquilo que permanece no mundo como fato humano, relacionando-se do mesmo modo e com a mesma intensidade, quer seja com o efêmero ou com o permanente, transitando entre os extremos da realidade humana e permitindo um contato mais profundo com a verdade do homem. Portanto, a linguagem, seja por sua centralidade no âmbito das ciências humanas, seja por sua característica constituidora do sujeito, da história e da cultura, assume aqui uma função-chave sobre os rumos de nossas indagações.

Mas essa questão é ainda mais complexa do que nossa vã consciência nos faz crer. Para Barthes (1989), o objeto em que se inscreve o poder, desde toda a eternidade humana, é a linguagem e, portanto, por sua própria estrutura, a língua implica uma relação fatal de alienação.

Mas a língua, como desempenho de toda linguagem, não é
nem reacionária, nem progressista; ela é simplesmente fascista; pois o fascismo não é impedir de dizer, é obrigar a dizer.
(R. Barthes, 1989, p. 14)

O que Roland Barthes denuncia de forma tão contundente é que não há liberdade senão fora da linguagem; a linguagem humana não tem *exterior*, é um lugar fechado. No momento mesmo em que é proferida, mesmo que na intimidade mais profunda do sujeito, a língua está sempre a serviço de um poder. Se, por um lado, essa afirmação causa uma certa perplexidade, por outro, é, também, extremamente fecunda e nos incita a refletir sobre a concepção e a função da linguagem na constituição da subjetividade no contexto das sociedades modernas, considerando que vivemos, no presente momento, uma ampla reformulação das relações capitalísticas,[1] reformulação esta que está desencadeando uma nova ordem política, econômica e cultural no mundo de hoje.

Ao observarmos as crianças no seu dia a dia, percebemos que elas brincam, sonham, inventam, produzem e estabelecem relações sociais que, muitas vezes, escapam à lógica do enquadramento cultural normatizado; contudo, mais cedo ou mais tarde, acabam aprendendo a categorizar essas dimensões de semiotização no âmbito do campo social padronizado, isto é, sucumbem a uma certa subjetividade de natureza essencialmente fabricada, modelada, recebida, consumida... Para Guattari (1986), o que precisa ser discutido na sua essencial complexidade é a questão da cultura capitalística que permeia todos os campos de expressão semiótica. Nessa perspectiva, a questão fundamental é como evitar que as crianças se prendam às semióticas dominantes a ponto de perder, muito cedo, toda e qualquer verdadeira liberdade de expressão.

Tudo o que é produzido pela subjetivação capitalística, quer nos chegue pela linguagem, pela família ou pelos equipamentos culturais que nos rodeiam, constitui sistemas de conexão direta entre as grandes máquinas produtivas, as grandes máquinas de controle social e as instâncias psíquicas que definem a maneira de perceber o mundo. As crianças que ainda não se integraram a esse esquema têm uma percepção do mundo inteiramente diferente daquela que é comum aos adultos que se encontram cooptados por um modo de compreender a realidade contemporânea de acordo com as imposições da ideologia dominante. Isso não quer dizer que a natureza de sua percepção dos valores e das relações sociais seja caótica. Ao contrário, são modos de representação do mundo, cuja

---

1. Adotamos este termo com o mesmo sentido que lhe confere Felix Guattari, designando não apenas as sociedades qualificadas como capitalistas, mas também setores do "Terceiro Mundo" ou do capitalismo "periférico", assim como as economias ditas socialistas que vivem numa espécie de dependência do capitalismo. Tais sociedades, segundo Guattari, em nada se diferenciam sob o ponto de vista do modo de produção da subjetividade. Essa questão está desenvolvida em *Micropolítica: Cartografias do desejo* (Guattari e Rolnik, 1986).

importância poderá se estender a outros setores da vida social, numa sociedade diferente. (F. Guattari, 1986)

As questões da modernidade se entrelaçam com as da cultura de massa, e esta última é o elemento fundamental da produção da subjetividade capitalística. A cultura de massa é responsável pelos indivíduos normatizados, articulados uns aos outros segundo sistemas hierárquicos de valores e sistemas de submissão. A essa produção de uma subjetividade coletiva e massificada, Guattari (1986) opõe a ideia de que é possível desenvolver modos de subjetivação singulares, ou seja, existem processos de singularização[2] que recusam todos esses modos de enquadramento cultural preestabelecidos. Trata-se de fazer emergir modos de relação com o outro, modos de produção e modos de criatividade que produzam uma subjetividade singular que coincida com um desejo, com um gosto pela vida. O desejo não é uma energia indiferenciada nem uma função de desordem, mas o modo de construir algo, ou melhor, o que impulsiona a produção de algo. A criança vive sua relação com o mundo e sua relação com os outros de um modo extremamente criativo, porque impulsionada, predominantemente, pela força do desejo. Contudo a modelização de suas semióticas por meio das imposições institucionalizadas a conduz, gradativamente, a uma espécie de indiferenciação.

Com base nessas reflexões, elegemos a vida cotidiana, nas suas mais variadas manifestações, como cenário de nossas indagações. Assim, cada fato, acontecimento ou fragmento das relações sociais reflete a realidade no seu todo. Nosso desafio é descobrir a articulação entre o significado objetivo dos fatos e a riqueza com que eles completam e, ao mesmo tempo, refletem uma compreensão

---

2. Cabe esclarecer que os termos subjetividade e singularização foram tomados, aqui, a partir da concepção desenvolvida por Guattari (1986, 1987). Para esse autor, a subjetividade está em circulação nos conjuntos sociais de diferentes tamanhos: ela é essencialmente social, e assumida e vivida por indivíduos em suas existências particulares.
O modo pelo qual os indivíduos vivem essa subjetividade oscila entre dois extremos: uma relação de alienação e opressão, na qual o indivíduo se submete à subjetividade tal como a recebe, ou uma relação de expressão e de criação, na qual o indivíduo se apropria dos componentes da subjetividade, desenvolvendo um processo que Guattari chama de singularização.

do homem na perspectiva das suas relações com a cultura, com o progresso e com a civilização em nossa sociedade.

É por meio da linguagem que a criança constrói a representação da realidade na qual está inserida. Agindo, ela é capaz de transformar a realidade, mas, ao mesmo tempo, é também transformada por esse seu modo de agir no mundo. Sua participação na dialética da subordinação e do controle deve ser entendida a partir do papel que ela assume na recriação de sua realidade histórica por meio do uso que faz da linguagem nas interações sociais.

Nessa perspectiva, a criança deixa de ser um objeto a ser conhecido, reconquistando seu lugar de sujeito e autora no mundo em que se encontra estabelecida. Sendo sujeito, a criança não pode permanecer sem voz, e é no diálogo com o outro que ela mostra a indissociabilidade entre a forma e o conteúdo da sua existência ativa no mundo.

> Lixeira. Na lixeira perto da minha casa tem muito lixo, muito rato, muita mosca, muito micróbio, muito papel sujo, uma banheira velha e um cachorro morto. A criança fica doente porque vai brincar dentro do lixo. A mãe chama a atenção dela e dá uma surra nela com cinto, chinelo, vara e dá cascudo. Aí, a criança não brinca mais no lixo e vai tomar banho para tirar os micróbios.
> Tem um garoto que fica procurando roupa para o pai dele e comida na lixeira. Ele é muito, muito, muito pobre, mais que a gente. Ele não tem dinheiro para comprar comida nem roupa, nada, nada. Ele fica chupando o dedo sujo. Aí um dia ele ficou doente.
> A mãe dele fica pedindo para ele mendigar para ela comprar cachaça e sustentar a família. Aí ele fica pela rua:
> Ô, meu povo! Dá um dinheirinho pra mim!
> Apareceu um rico e deu comida, roupa, sandália e mais 100 mil cruzeiros. Aí o garoto foi embora para casa rindo e pulando. Quando ele chegou em casa, a mãe apanhou o dinheiro dele para comprar cachaça. Aí a mãe dele deu uma surra nele. (História coletiva de Antero, nove anos; Rogéria, oito anos e Renata, oito anos)[3]

---

3. Fragmento do livro *Picolé, Picolé, água pura ninguém quer... Estórias da Rocinha,* Rio de Janeiro, Salamandra, 1983.

Assim, é a criança-sujeito, autora da sua palavra, que nos mostra os espaços sociais a partir dos quais emerge sua voz, seu desejo. Aqui, não é mais o adulto que fala por ela, determinando de fora, a partir de suas próprias necessidades subjetivas, a importância dos diferentes espaços sociais em que a criança está inserida. Mas, ao interagir com a criança, ambos constroem uma compreensão mais abrangente do que significa existir socialmente em um contexto marcado por profundas contradições econômicas, sociais e culturais.

Sem propriamente querer dar interpretações que encaminhem uma compreensão monológica da realidade, nossa intenção é entremear nossas formulações teóricas com o texto da criança para que o leitor possa, na sua relação dialógica com ele, inferir a imagem que a criança revela do mundo.

> A Rocinha estava muito calma. A polícia chegou e deu um tiro na cabeça do cachorro. (Cléia, sete anos)
> A minha vizinha macumbeira faz macumba todo dia. Ela quer brigar com a minha tia. Ela bota macumba nos filhos dela. O meu primo pequeno ficou inchado de tanto ela botar macumba. Ela mandou o marido dela brigar com a minha tia. Aí eu joguei uma pedra na cuca dela. (Marilene, nove anos)[4]

Essa investigação, assim formulada, traz, de forma implícita, uma dada concepção de infância, linguagem e cultura que requer uma abordagem da constituição do conhecimento como criação polissêmica, graças à qual o homem descobre a própria realidade como produto histórico-social de suas ações e representações simbólicas. O objeto das ciências humanas é, portanto, não só o homem, mas o homem como produtor de textos, pois sua especificidade é estar sempre se expressando, sempre criando textos. O ato humano é um texto em potencial. O texto é o reflexo subjetivo de um mundo objetivo, é a expressão de uma consciência que reflete algo sobre a realidade objetiva; sua mais profunda compreensão depende da

---

4. Fragmento do livro *Picolé, Picolé, água pura ninguém quer... Estórias da Rocinha*, Rio de Janeiro, Salamandra, 1983.

interação que o texto estabelece com o contexto dialógico do seu tempo. (Bakhtin, 1985b)

Buscando equacionar nossas ideias nessa direção, vamos aprofundar os questionamentos aqui apresentados com base nas teorias de W. Benjamin, L.S. Vygotsky e M.M. Bakhtin, autores que viveram e produziram suas obras no início deste século e que anteciparam em muitas décadas as críticas mais fundamentais à crise atual das ciências humanas, além de apresentar os fundamentos para uma discussão das consequências do progresso e da modernidade no mundo contemporâneo. Esses autores se completam em muitos aspectos. Tendo como referenciais a linguagem e as bases teóricas do materialismo, histórico e dialético, eles questionam os rumos das ciências humanas e denunciam as inadequações comumente encontradas nessas áreas do saber para dar conta da realidade humana e social, quer seja em uma abordagem positivista-mecanicista quer numa perspectiva idealista. Além disso, criticando o dogmatismo e o positivismo que estavam presentes nas principais correntes marxistas de sua época, esses autores contribuíram para preservar o elemento crítico e revolucionário do pensamento marxista, que apesar de alguns desdobramentos conceituais e práticos equivocados, ainda pode ser considerado um referencial teórico pertinente e poderoso para pensarmos criticamente as sociedades capitalistas deste final de milênio.

Outro aspecto fundamental, nesses autores, é a adoção de um enfoque que nos incita a uma outra forma de construir conhecimento no âmbito da realidade social e humana. Buscando suas próprias leis internas e novos critérios de exatidão, redefinem o conhecimento dito científico. Nessa perspectiva, a realidade se revela ao homem na confluência da arte com a ciência, ambas visando a um maior aprofundamento da realidade humana e social e à máxima compreensão. Roland Barthes diz que "a literatura faz girar os saberes, não fixa, não fetichiza nenhum deles e por isso ela trabalha nos interstícios da ciência". Essas ideias ganham uma dimensão ainda mais fecunda quando as palavras de Barthes encontram-se com as palavras de Calvino nos seguintes fragmentos:

> A ciência é grosseira, a vida é sutil, e é para corrigir essa distância que a literatura nos importa. Por outro lado, o saber que ela mobiliza nunca é inteiro nem derradeiro; a literatura não diz que sabe alguma coisa, mas que sabe de

alguma coisa; ou melhor: que ela sabe algo das coisas — que sabe muito sobre os homens. (R. Barthes, 1989, p. 19)

No universo infinito da literatura sempre se abrem outros caminhos a explorar, novíssimos ou bem antigos, estilos e formas que podem mudar nossa imagem do mundo... Mas se a literatura não basta para me assegurar que não estou apenas perseguindo sonhos, então busco na ciência alimento para as minhas visões das quais todo pesadume tenha sido excluído. (I. Calvino, 1990, p. 20)

As citações revelam a força da coincidência do pensamento que busca o seu par, mas também, como diz Benjamin, "são como salteadores no caminho, que irrompem armados e roubam ao passeante a convicção". Aqui, ao pretendermos recuperar sempre em um novo texto a verdade da palavra alheia, as citações serão utilizadas como um mosaico de ideias cuja busca é explicitar o movimento da relação conhecimento-verdade que permeia e orienta o nosso olhar crítico sobre a noção de progresso e civilização no mundo contemporâneo.

Sem negar o lugar da sensibilidade e da imaginação como formas legítimas de conhecimento, as ciências humanas podem e devem redefinir seu lugar no âmbito das ciências modernas. Essa é uma das fundamentais influências de Benjamin, Vygotsky e Bakhtin neste trabalho. A outra influência se refere a uma concepção de linguagem que a considera como *ponto de partida* e *desvio*, por meio dos quais as ciências humanas podem construir um método de investigação que recupere a essencial originalidade com que devem ser tratadas as questões humanas e sociais.

Nessa perspectiva, podemos assegurar que o tema em pauta tem uma dupla função. Por um lado, a *linguagem* se constitui em um espaço para enfrentarmos a polêmica das questões epistemológicas nas ciências humanas, resgatando uma identidade própria para essa área do saber; por outro, a *infância* se coloca como um método para uma discussão crítica do conceito de *modernidade* em relação à dimensão da cultura e do progresso. Essa dupla função não admite dissociação; o próprio tema é consequência do conjunto das ideias epistemológicas que problematiza a área das ciências humanas como campo do saber sobre o homem e suas relações com a cultura e com a sociedade.

Para situarmos melhor a questão que nos incita a este longo percurso de reflexão, optamos por iniciar nossa discussão resgatando, de modo crítico, a história da constituição das ciências humanas, considerando a configuração ideológica que conduziu seus desdobramentos políticos, práticos e teóricos no mundo ocidental.

CIÊNCIA OU CONTRACIÊNCIA:
O DILEMA DAS CIÊNCIAS HUMANAS

> *O conhecimento para Musil é a consciência da inconciliabilidade entre duas polaridades contrapostas: uma que denomina ora exatidão, ora matemática, ora espírito puro, ou mesmo mentalidade militar, e outra que chama ora de alma, ora de irracionalidade, ora de humanidade, ora de caos.*
>
> Ítalo Calvino

A polêmica

Segundo Japiassu (1988b), tudo indica que a pretensa cientificidade das ciências humanas é proporcional à sua desumanidade: quanto mais "científicas" se tornam, menos humanas se revelam, e na medida em que se fazem humanas, perdem seu caráter científico.

Como resolver esse dilema? Se a questão da cientificidade das ciências humanas é proporcional à sua desumanidade, como instaurar a ruptura com o modelo das ciências naturais e resgatar uma identidade própria, construída a partir de uma outra cientificidade que tem suas leis internas e seus critérios de exatidão? A questão é discutir se as ciências humanas conseguem estabelecer tal ruptura e a partir de quais marcos teóricos isso se torna possível.

As ciências humanas são irremediavelmente marcadas pela sociedade em que se inserem e refletem todas as suas contradições, tanto em sua organização interna quanto em suas práticas. Por estarem profundamente integradas ao processo social e político, intervêm, cada vez mais, na orientação efetiva da sociedade. Daí seu dilema fundamental, que pode ser expresso a partir das seguintes questões: Como conciliar o caráter ideológico desse campo do saber com o conhecimento objetivo da verdade? É possível eliminar as ideologias do processo de conhecimento científico-social? As questões colocadas anteriormente nos remetem a uma análise da história da constituição das ciências humanas e das consequências do ingresso dessa área do saber na *era da positividade*. Esse fato irá mudar profundamente a imagem que o homem constrói de si mesmo e, consequentemente, seu modo de compreender a realidade e de agir no mundo.

Por intermédio da análise da história da constituição das ciências humanas pretendemos discutir os rumos dessa área do saber e denunciar suas inadequações para uma abordagem das questões da infância, da cultura e da *modernidade*, quer seja em uma perspectiva positivista-mecanicista quer seja em uma perspectiva idealista.

Ao iniciarmos nossas reflexões nesse campo, nossa intenção é definir o conteúdo das ciências humanas e discutir criticamente a questão de seu estatuto epistemológico.[5]

Definindo o conteúdo das ciências humanas

A concepção da ciência moderna tem como um de seus aspectos essenciais a oposição radical entre religião e ciência. Liberado

---
5. A análise das questões epistemológicas das ciências humanas, desenvolvida neste capítulo, teve como referência básica a obra de Hilton Japiassu especificada na bibliografia.

da tutela religiosa, o homem vai tentar definir-se duplamente, ou seja, como *objeto de ciência* e como *sujeito de ciência*. Essa duplicidade — ser sujeito e, ao mesmo tempo, objeto de conhecimento — dificulta a definição das ciências humanas a partir de uma problemática que lhes seja própria e de um campo específico de exploração. Assim, os problemas iniciais das ciências humanas para definir seu conteúdo são provocados por essa oscilação constitutiva: por um lado, buscam fundar a teoria do sujeito da ciência; por outro, a construção do objeto antropológico.

Até o século XIX, o destino das ciências humanas estava vinculado ao da filosofia. A partir desse momento, converte-se em estudo do homem em sua totalidade e em suas relações com o resto da natureza. O homem passa a ser estudado no encadeamento dos seres vivos, em que assume seu lugar como um ser com características de *ser da natureza* e de *ser da cultura*. Como ser vivo, o homem pertence ao mundo regido pelas leis biológicas; como ser possuidor de linguagem e instituidor da civilização, introduz um elemento original: *a cultura*.

A visão antropológica e antropocêntrica do mundo destrói e substitui a visão cosmocêntrica ou teocêntrica. Enfim, liberado de toda tutela, o homem se torna mestre das significações do Universo.

A questão do estatuto epistemológico das ciências humanas

É tentando superar os conflitos provocados pelas mudanças sócio-histórico-culturais do século XIX que se constitui o saber das ciências humanas. O homem toma consciência de ter ingressado em um mundo novo — o mundo transformado pela técnica e pela indústria — mas, e talvez por isso mesmo, um mundo cada vez mais desconhecido e imprevisível.

A ideia do conhecimento objetivo começa a dominar as ciências humanas. Afirmando o caráter ilusório da experiência vivida, as ciências humanas assumem uma ruptura semântica com a linguagem do sentido comum. A objetividade e a neutralidade científicas se colocam como metas para escapar da ordem dos valores e das significações e, consequentemente, ingressar no domínio dos fatos. Nessa perspectiva, o olhar do homem sobre si mesmo deve ser frio, objetivo e calculista.

O primeiro impulso das ciências humanas procede diretamente da aplicação pura e simples do modelo mecanicista da física e da escrita matemática. O mundo da realidade humana foi sendo progressivamente substituído pelo universo do discurso formalizado. A transição do reino da opinião ao domínio do conhecimento científico exigia uma inteligibilidade racional. Com isso, as ciências humanas se submetem à ordem matemática, instrumento privilegiado de sua ação.

Em contraste com essa espécie de alienação físico-matemática, surge uma nova forma de pensamento, cujo ponto de partida consiste justamente na afirmação da irredutibilidade da vida como pressuposto humano primordial. O cerne da nova problemática é o tema da evolução. Com Darwin, os conceitos básicos de "natureza", "organismo" e "evolução" passam a ser aplicados a todos os aspectos da realidade humana. O organismo impõe ao domínio humano a ideia de regulação interna; portanto todo fato humano deve ser interpretado em função do modelo biológico.

A opção pela metodologia científica das ciências naturais — quer seja no eixo do modelo físico-matemático quer no do modelo biológico — revela uma tendência a se estudar o homem a partir de uma concepção sistêmica. Uma análise da evolução da construção teórica no campo da psicologia do desenvolvimento mostra como os estudos sobre a criança também não escaparam dessas influências. Negligenciando o caráter histórico e cultural do desenvolvimento, essa área acabou por construir teorias reducionistas em que a criança aparece, especialmente, como um ser ideal e abstrato.[6] Para Japiassu (1988b), quanto mais *teóricas* ou *puras*, quanto mais *exatas* e *objetivas*, menos as ciências humanas implicam os sujeitos que as praticam.

Uma vez que a construção do conhecimento nas ciências humanas não pode ser indiferente ao vivido pelos sujeitos da pesquisa, os temas da cultura e da civilização retomam a questão epistemológica das ciências humanas numa nova direção. O reconhecimento da história e da cultura como fonte de saber sobre o

---

6. Ver em Copit & Patto (1975) a análise histórico-crítica dos paradigmas positivistas na pesquisa psicológica sobre desenvolvimento infantil no Brasil.

homem questiona os modelos explicativos da ciência rigorosa. O objetivo desse novo eixo — o histórico-cultural — consiste em se chegar a uma tomada de consciência da realidade humana no seu conjunto.

Se, por um lado, o ser humano é fundamentalmente orgânico em sua estrutura, por outro, no seu desenvolvimento, sua marca principal é a cultura. Essa ênfase toda especial nos traços culturais coloca a linguagem em destaque. A partir do modelo histórico-cultural, a linguagem começa a ser percebida como fundadora de uma nova relação do homem consigo mesmo e com o mundo. Essas duas dimensões humanas — linguagem e história — estão no cerne de uma nova consciência do homem.

A inovação desse modelo está na busca de uma nova compreensão dos fatos humanos sem negar a interferência dos julgamentos de valor e das ideologias no processo do conhecimento científico-social. A questão que começa a ser colocada é a da possibilidade de se conciliar o caráter histórico e inevitável do conhecimento humano e social com o conhecimento objetivo da verdade.[7]

Essa sistematização dos grandes eixos ou modelos epistemológicos das ciências humanas explicita as bases divergentes sobre as quais são formulados os principais conceitos teóricos das diferentes áreas do saber humano-social. A contribuição desse confronto de modelos pode se expressar pelo fato de evidenciar que as ciências humanas não podem se enquadrar dentro de uma metodologia unitária.

O aspecto mais fundamental que o eixo histórico-cultural inaugura é a possibilidade de se constituir uma teoria das ciências humanas para além do conhecimento objetivo. Essa questão nos remete, necessariamente, à ampliação do conceito de ciência e, consequentemente, a uma alteração na forma de conceber e interpretar os fatos humanos.

O dilema das ciências humanas reflete o ecletismo, a confusão e a desordem dessa área do saber. Paradoxalmente, é a partir

---

7. Para uma abordagem mais detalhada do enfoque historicista em ciências sociais, ver M. Löwy (1987).

dessa sua característica contraditória que vemos emergir a possibilidade de sua emancipação em relação à objetividade e à neutralidade requeridas pelos modelos das ciências exatas. Considerando a linguagem como espaço principal de sua reflexão, as ciências humanas questionam o estatuto dos diversos discursos que as constituem. Esse questionamento, por si só, já transgride o conceito positivista de ciência: Como pensar o homem fora da arte, da filosofia e da literatura?

Filosofia, ciência e arte se impõem como práticas significantes para a compreensão das relações humano-sociais; não é mais possível uma definição *pura* dos limites da ciência. A existência e a legitimidade das ciências humanas estão exatamente no enfrentamento dessa complexidade e não na sua negação. Portanto a constituição da legitimidade das ciências humanas depende de um processo permanente de confronto entre princípios, métodos e resultados. A *verdade* que as ciências humanas buscam desvendar não se encontra, de modo algum, na univocidade de seus métodos, mas, ao contrário, está na possibilidade permanente de rever e enfrentar suas contradições no bojo das práticas sociais.

Construir uma compreensão do homem moderno como algo que diz respeito ao movimento da história e da sociedade requer uma abordagem teórica que permita uma visão da constituição da própria realidade como produto das ações do homem no mundo. Essa abordagem pode ser encontrada no método do materialismo histórico e dialético e, nele, a teoria da alienação de Marx apresenta as bases teóricas, tão pertinentes quanto atuais, para refletirmos sobre essa questão. Com base na obra de Mészàros (1981), discutiremos algumas contribuições teóricas do marxismo, articulando, em seguida, esse referencial teórico para questionar o papel das ciências humanas como cobertura ideológica do sistema de produção do mundo capitalista.

Marx e a teoria da alienação

O que é especificamente natural no ser humano?

O marxismo compreende a relação do homem com a natureza, consigo mesmo e com os outros homens na perspectiva da realização da liberdade humana por meio do trabalho. O que significa precisamente essa afirmação no contexto da teoria da alienação?

O homem se origina da natureza, é uma parte da natureza, portanto um ser natural. Como ser natural é ativo, apresentando tendências, capacidades e impulsos. Os objetos desses impulsos existem fora dele e são indispensáveis à manifestação e à confirmação de seus poderes essenciais.

O homem é um ser natural, mas um ser de determinada espécie, portanto um ser natural humano. Como tal, vive em sociedade e produz as condições necessárias à sua existência de forma inerentemente social. O homem é um ser social produtivo que transforma o mundo de maneira específica, deixando a sua marca. Na produção e na reprodução da vida social, isto é, na criação de si mesmo como ser histórico-social, o homem produz bens materiais, ideias, qualidades e sentidos humanos; enfim, o complexo das condições sociais. A essência do homem é a unidade da objetividade e da subjetividade. Se a realidade é incompleta sem o homem, também o homem é igualmente fragmentário sem a realidade.

Marx descobre a relação dialética entre a ontologia materialista e a antropologia, compreendendo o homem por meio da práxis. Assim, a dialética materialista vê o trabalho como uma necessidade humana. A relação homem-natureza é feita por intermédio da atividade produtiva. Dessa maneira, o trabalho permite ao homem criar um modo de existência e realizar a mediação entre si e os demais homens.

Para Marx, o trabalho é uma manifestação de vida. Motivado por uma necessidade interior, o trabalho se constitui num processo que permeia todo o ser do homem, trazendo a marca de sua especificidade. Por meio dele, há uma recíproca transformação: o homem se objetiva no trabalho e o objeto arrancado do contexto original é modificado e elaborado. O homem alcança no trabalho a objetivação, enquanto o objeto é humanizado.

De acordo com o materialismo monista de Marx, o trabalho, atividade produtiva, é a determinação ontológica fundamental da humanidade, o modo realmente humano de existência, o modo de realização da liberdade humana. Entretanto, quando a atividade vital do homem é apenas um meio para um fim, não se pode falar de liberdade.

Mészàros (1981) assinala que a filosofia moralista tende a identificar a natureza humana com alguma coisa abstratamente espiritual, não conseguindo escapar de suposições preconceituosas, além de atribuir ao homem características fixas e imutáveis. Por não conseguir explicar as características do comportamento humano na sua gênese histórica, o filósofo moralista se utiliza de uma concepção dualista e maniqueísta, atribuindo à natureza humana os comportamentos que o homem externaliza nas suas relações sociais. A rejeição à concepção filosófica dualista reforça, em contrapartida, a possibilidade de o "homem poder fazer-se o que é ou tornar-se em qualquer outra coisa diferente", de acordo com as circunstâncias predominantes em seu cotidiano.

Nessa concepção, a natureza do homem é determinada historicamente por meio das próprias contradições das situações de vida, sendo, portanto, passível de transformações. Assim, o que torna o homem egoísta é viver em uma sociedade alienada, cujas determinações históricas impõem a expressão de comportamentos totalmente desvinculados dos interesses do homem, interesses estes criados artificialmente. Mas o homem também apresenta a potencialidade de concretizar comportamentos que se configuram na própria negação das tendências egoístas.

A sociedade é a *segunda natureza do homem*. As necessidades originais do homem são transformadas por ela e integradas numa rede muito mais ampla de necessidades, que são, no conjunto, o produto do homem socialmente ativo. Uma vez que as atividades desse ser natural específico são necessariamente realizadas em uma estrutura social, a verdadeira autoconsciência desse ser é a sua consciência como ser social. A essência ou natureza do ser humano não pode ser encontrada dentro do sujeito, mas fora dele, em suas relações objetivadas.

Partindo do princípio de que não há nada fixo ou imutável no homem, tanto suas necessidades quanto seus poderes estão igualmente sujeitos a mudanças. As múltiplas necessidades do homem precisam encontrar uma satisfação adequadamente humana. Opor-se à liberdade humana significa negar a satisfação das necessidades do homem.

Capitalismo e alienação

Refletindo sobre a natureza humana como fruto das relações objetivadas no mundo social, Mészàros (1981) destaca a preocupação de Marx com a inversão desse processo pela sociedade capitalista. O instinto social é colocado em todos os homens pela natureza, mas a evolução capitalista o corrompe. A ideia central de Marx é sua crítica da reificação capitalista das relações sociais de produção, da alienação do trabalho por meio das mediações reificadas do trabalho assalariado, da propriedade privada e da troca.

A alienação — conceito-chave na obra de Marx — explicita a forma como o homem perde a compreensão da adequação humana de seus poderes, isto é, o homem não se reconhece mais como aquele que cria os bens materiais e culturais do mundo em que se encontra estabelecido.

A atividade produtiva na sociedade capitalista nega a mediação humana entre sujeito e objeto, homem e natureza; o indivíduo isolado e reificado é reabsorvido pela natureza. O trabalhador se relaciona com sua própria atividade como uma atividade externa a ele. A satisfação lhe é proporcionada por uma possibilidade abstrata: a possibilidade de vender a sua atividade a alguém, dentro de certas condições. O homem se transforma em mercadoria. Tudo é coisificado — o homem e suas relações.

No sistema capitalista de produção, a divisão do trabalho, a propriedade privada e a troca capitalista se interpõem entre o homem e sua atividade, entre o homem e a natureza, entre o homem e o homem. O homem é confrontado de modo hostil pela natureza por meio da troca e pelo homem por meio do antagonismo capital e trabalho. Nesse sentido, o trabalho deixa de ser manifestação da vida, para se transformar em alienação da vida; trabalhar para viver, imposição de uma necessidade externa, que torna o homem desumanizado. Quando a atividade vital do homem é apenas um meio para um fim, não se pode falar de liberdade, porque a capacidade humana que se manifesta nesse tipo de atividade é dominada por uma necessidade exterior.

O trabalho alienado transforma o *ser genérico* do homem num ser alheio a ele, num meio para a sua existência individual. É a alienação do homem em relação à humanidade em geral, à sua *condição humana* aviltada pelo capitalismo. Em vez de *consciência de espécie*, instala-se o culto da privacidade, a idealização do indivíduo abstrato. A liberdade individual torna-se coisa natural e os laços sociais parecem artificiais, impostos de fora. O modo de vida do capitalismo enfatiza cada vez mais a privacidade. O indivíduo se refugia no seu mundo privado autônomo.

O indivíduo é induzido, compelido mesmo a retirar-se para seu pequeno reino privado. Isso não só é possível, como incentivado pelo desenvolvimento capitalista das forças produtivas. Ao expandir a produção das mercadorias, o papel do indivíduo como consumidor privado adquire uma significação cada vez maior para a perpetuação do sistema capitalista de produção.

No mundo capitalista, a liberdade surge como um culto cada vez mais intenso da *autonomia individual*. A aparência enganosa de independência, autossuficiência e autonomia transforma o mundo individual em um valor absoluto. A alienação e a reificação conduzem a uma relação abstrata entre o indivíduo e o mundo exterior.

Portanto, o culto do eu, em oposição ao homem social, equivale ao culto de um eu alienado, supersimplificado, porque o verdadeiro eu do ser humano é necessariamente um eu social, cuja natureza está fora de si mesma, isto é, define-se em termos de relações interpessoais, sociais, imensamente complexas e específicas. A alienação surge como um divórcio entre o individual e o social, o natural e o autoconsciente. Em contraposição, numa relação não alienada, o individual e o social, o natural e o autoconsciente devem estar juntos, formando uma unidade complexa. Nossos problemas resultam, segundo Mészàros, de uma estrutura social e de um modo de produção que impõem ao homem o culto da individualidade, isolando-o dos outros homens. O culto do indivíduo — em si mesmo produto da alienação — não pode oferecer qualquer remédio contra a reificação; amplia cada vez mais o abismo que separa o homem de sua integração com ele mesmo e com os outros.

A imagem do capitalismo e da alienação nas conversas infantis

O texto da criança é pleno de imagens que transbordam necessariamente os limites da teoria, mas deixam uma impressão de cumplicidade com a visão crítica das contradições da sociedade capitalista, explicitadas pela teoria da alienação. Ouvindo Lídia (nove anos), Paulo (dez anos) e Túlio (dez anos), essas questões aparecem assim:

(Lídia) — A primeira coisa que tinha que melhorar neste mundo, ah! É a miséria, sabe? Porque se ficar cada pessoazinha na sua casinha, com o seu trabalhozinho...
(Paulo) — A Lídia fala bem, mas na hora de fazer...
(Lídia) — E eu posso fazer alguma coisa, Paulo?
(Adulto) — O que as crianças podem fazer?
(Lídia) — Nada, a gente não tem posse de nada...
(Túlio) — Eu sei. A gente dizia pros adultos as coisas que estão certas e erradas, porque se um adulto disser para o outro adulto tudo bem, o adulto não vai nem mudar nada... Só se uma criança disser pro adulto, o adulto vai ficar humilhado... e vai fazer a coisa certa.
(Lídia) — Eu acho que a gente podia ajudar ele (menino de rua), brincando com eles. Tirar a raiva dele, que ele deve ter pela gente. Eu acho que deve fazer, mas eu não faço isso, sabe? A gente também não gosta, né? Porque eles transmitem uma coisa pra gente horrível... Ai! são pretos, são feios, devem ser bandidos. A gente passa na rua, tem uns mendigos, a gente já fica com medo. Eu acho que a pessoa deve brincar com eles, tirar esse medo, essa raiva que a gente deve ter deles, mas isto ninguém faz, né? Nem eu mesma...
(Paulo) — Eu acho que todo mundo tem que ler bastante livros sobre coisas pra, quando crescer, fazer o melhor possível para a humanidade melhorar.
(Adulto) — Agora uma pergunta: se vocês pudessem pedir uma coisa pra mudar no mundo, o que vocês queriam que mudasse?
(Túlio) — Duas coisas. Que a comida fosse a sobremesa e a sobremesa fosse a comida. (Risos)

A sociedade capitalista transforma a consciência humana e o mundo aparece completamente alterado na sua própria estrutura, deformado nas suas efetivas conexões. As crianças, mesmo demonstrando ter consciência das profundas contradições da sociedade de classes, não conseguem escapar das suposições preconceituosas que esta lhes transmite, modelando suas atitudes e seus comportamentos de forma a perpetuar a discriminação e a injustiça social. Ao mesmo tempo, e felizmente, elas também são capazes de explicitar o quanto a humanidade, dentro dos limites estreitos das relações de poder da sociedade de classes, está divorciada do seu potencial real, ficando evidente como apenas seu potencial alienado pode se manifestar.

Ora, a produção e a reprodução do sistema de valores na sociedade capitalista não se perpetuam automaticamente e, portanto, a questão da educação não pode ser encarada de maneira ingênua. Sabemos que a *bem-sucedida* desumanização das relações sociais na sociedade de classes depende, fundamentalmente, do modo como crianças e adultos *interiorizam* princípios e valores que reforçam e consolidam o próprio funcionamento da sociedade capitalista.

Portanto, para recuperarmos uma visão crítica da realidade, que possibilite reverter esse quadro no âmbito das práticas sociais, é necessário um profundo trabalho de conscientização, a partir do qual o *homem do capitalismo* possa penetrar a fetichização da realidade humano-social, redescobrindo a verdadeira essência das relações sociais. A tarefa da educação é agir no sentido de superar ou transcender positivamente o processo de alienação a que o homem é submetido cotidianamente no campo de suas relações sociais, afetivas, culturais e econômicas.

Para Kosik (1976), a possibilidade de transcendência positiva da alienação pode ser trabalhada quando a filosofia e a arte se comunicam com os homens, inaugurando uma relação educativa que prioriza as relações ético-estéticas do indivíduo com seu mundo:

> Na grande arte a realidade se revela ao homem. A arte, no sentido próprio da palavra, é ao mesmo tempo desmistificadora e revolucionária, pois conduz o homem desde as representações e os preconceitos sobre a realidade, até a própria realidade e à sua verdade. Na arte autêntica e na autêntica filosofia revela-se a verdade da história: aqui a humanidade se defronta com a sua própria realidade.
> (...) A obra de arte exprime o mundo enquanto o cria. Cria o mundo enquanto revela a verdade da realidade, enquanto a realidade se exprime na obra de arte. Na obra de arte a realidade fala ao homem. (Kosik, 1976, pp. 117-118)

A imagem poética tem um dinamismo próprio, foge sempre de qualquer tentativa formalista de interpretação. Ao mesmo tempo que possui um caráter inesperado, suscita um sentimento de adesão, transmitido por uma comunicabilidade singular. Ao tornar a palavra imprevisível, a poesia exercita no leitor o aprendizado da liberdade. Mas para que a poesia ou a fala da criança possam servir a uma proposta de libertação e integração do homem com os outros e consigo mesmo, é necessário que este desenvolva sua sensibilidade. O homem que não desenvolve sua sensibilidade se fecha diante do mundo. Não consegue captá-lo na sua universalidade, mas apenas de modo unilateral e superficial. O que prevalece é uma visão restrita que fecha o indivíduo no seu individualismo e que acaba, portanto, solidificando nele uma compreensão distorcida da realidade. Ora, é nesse espaço que a concepção de uma educação ético-estética da realidade deve agir; na verdade, ela é uma tentativa de enfrentar a desumanização das relações socioafetivas e culturais na sociedade capitalista, e resgatar o reencontro do homem com a sua própria liberdade.

Capitalismo e modernidade

No mundo atual, a subordinação do homem às relações de produção do capitalismo se atualiza por meio de mecanismos cada vez mais sofisticados. O capitalismo contemporâneo, diz Guattari (1987), é mundial e integrado porque, potencialmente, colonizou o conjunto do planeta. Até mesmo os países que historicamente pareciam ter escapado dele (os países do bloco soviético e a China) vivem hoje, com o capitalismo, uma espécie de simbiose. Nenhuma atividade humana, nenhum setor da produção escapam ao seu controle.

Na sua composição atual, o capital é muito mais que uma simples categoria econômica relativa à circulação de bens e à acumulação dos meios econômicos. Em outros termos, o lugar de integração e recuperação do capitalismo mundial não se circunscreve unicamente aos espaços da produção de bens materiais, mas em todos os outros tipos de espaços sociais e institucionais, operando por meio de componentes semióticos um modo de sujeição das pessoas e da coletividade. Quando levamos em conta a vida urbana, as relações domésticas e conjugais, os meios de comunicação de massa, a indústria do lazer, percebemos quanto é difícil escapar ao controle do capital.

A exploração capitalista sempre tratou o homem como se ele fosse apenas uma réplica da máquina, de maneira exclusivamente quantitativa. Entretanto a exploração do capitalismo no mundo contemporâneo não se limita a isso. Impondo seus próprios modelos de desejo, faz com que as massas que ele explora o interiorizem, sendo essa condição essencial para sua sobrevivência. A máquina totalitária do capitalismo experimenta, em toda parte, estruturas de funcionamento que permitem colocar o desejo a serviço do lucro. O fundamental é modelar adequadamente um certo tipo de indivíduo produtor-consumidor (Guattari, 1987). As conversas, quer sejam entre as crianças quer sejam entre os adultos, estão impregnadas de valores impostos pelas regras do consumo.

(André) — A Fernanda fala muita mentira.
(Rafaela) — Ela disse que tem a Barbie e não tem. Disse que tem lanchonete e não tem. Mentiu para mim.
(Lídia) — A gente tem que mentir um pouquinho, né? Tem mentiras, às vezes, que são mentiras necessitárias. Agora, mentira assim: — Ah, eu fui no McDonald's, ganhei escova de dentes! Aí, quando eu vou na casa dela: — Cadê a escova de dentes que você falou? — Ah, joguei fora, estragou... Aí, essa mentira é feia, né? Porque não é necessitária, né? Ah, por exemplo: adesivos, que está meio na moda também: — Ah, tenho mil cartelas de adesivos! E só ter 500, 100, 100 já é muito, eu acho às vezes mentira, né? Depende da mentira, se for uma mentira necessitária...

Cada um deseja ser igual aos outros ao consumir, no modo de ser feliz; deseja, enfim, obedecer a uma dada ordem que impõe padrões nas relações sociais e afetivas. O homem vale pelo que é capaz de possuir — homem e mercadoria se identificam. Torna-se fundamental tomar consciência dessas questões para intervir numa prática social que submete o homem a um contínuo distanciamento de suas reais necessidades e de seus reais valores em troca de necessidades fabricadas pelo modelo capitalista de consumo.

Ao longo de sua obra, Benjamin apresenta um diagnóstico que estimula nossa reflexão sobre o empobrecimento da experiência na época moderna. Esse autor, ao fazer uma análise fecunda da estreita relação existente entre as transformações técnicas da sociedade e as modificações da percepção estética, elabora uma contribuição extremamente original para uma discussão crítica sobre as múltiplas consequências do capitalismo na vida do homem contemporâneo. Com base nesse autor, teceremos algumas considerações sobre o empobrecimento da experiência na era da modernidade.

O empobrecimento da experiência e a vivência da modernidade

De acordo com Benjamin, o capitalismo introduz a extinção progressiva da experiência e, ao mesmo tempo, propicia a intensificação das situações de choque em diferentes domínios. Com isso, uma nova sensibilidade é introduzida; a experiência é substituída por um tipo de sensibilidade coletiva que se expressa como vivência. Isso quer dizer que, pelo convívio sistemático com as situações de choque no mundo moderno, a instância psíquica encarregada de captar e absorver o choque predomina sobre as instâncias encarregadas de armazenar as impressões na memória.

Partindo da dicotomia freudiana que opõe a consciência à memória, Benjamin (1991), no ensaio "Sobre alguns temas em Baudelaire", desenvolve uma nova dicotomia, confrontando o conceito de *experiência* com o de *vivência*. A experiência constitui impressões que o psiquismo acumula na memória. Melhor dizendo, ela é constituída por um conjunto de excitações que jamais se tornaram conscientes; mas essas excitações, ao serem transmitidas ao inconsciente, deixam nele traços mnêmicos duráveis. No caso da vivência, é o efeito de choque que intercepta as impressões pelo sistema percepção-consciência. Esse sistema, sem permitir que as impressões sejam incorporadas à memória, possibilita seu desaparecimento de forma instantânea.

Quanto maior é a participação do fator choque em cada uma das impressões, tanto mais constante deve ser a presença do consciente no interesse em proteger contra os estímulos; quanto maior for o êxito com que ele operar, tanto menos essas impressões serão incorporadas à experiência, e tanto mais corresponderão ao conceito de vivência. (W. Benjamin, 1991, p. 111)

O destino do homem moderno, exposto aos mais diferentes perigos e obrigado a concentrar todas as suas energias na tarefa de proteger-se contra o choque, é a perda da memória individual e coletiva. Privado de sua experiência, ele se encontra fora dos domínios da história, não tendo, assim, meios de se integrar à tradição.

> A experiência é matéria da tradição, tanto na vida privada quanto na coletiva. Forma-se menos com dados isolados e rigorosamente fixados na memória, do que com dados acumulados,

e com freqüência inconscientes, que afluem à memória. (W. Benjamin, 1991, p. 105)

Benjamin quer mostrar como as condições de produção e as transformações técnicas na sociedade capitalista se incorporam às diferentes áreas do fazer e do sentir, marcando, de forma decisiva, não só a própria cotidianidade da existência humana, mas deixando, também, marcas nos modos de expressão cultural e nos modos de percepção estética do homem no mundo moderno.

Ao abordar essa questão no domínio da esfera econômica, Benjamin, apoiando-se nas análises de Marx, desenvolve sua concepção de degradação da experiência com base no prognóstico dramático do destino do homem contemporâneo submetido ao ritmo frenético das relações de produção do capitalismo. A organização pré-capitalista do trabalho, especialmente a atividade artesanal, permitia, em consequência de seu ritmo lento e de seu caráter de apreensão da totalidade do que era produzido, uma sedimentação progressiva da experiência. Ao contrário, a institucionalização da produção em série na linha de montagem, com seu ritmo acelerado e seu caráter fragmentário, requer uma adaptação do operário ao ritmo da máquina. Reagindo como um autômato aos estímulos da máquina, seu trabalho se torna impermeável à experiência. Assim, o que se destaca de forma assustadora no comportamento do operário na sociedade industrial é ser uma réplica do movimento da máquina — vivência em forma de choque.

A alegoria do autômato, também abordada por Chaplin em *Tempos Modernos*, é uma das grandes iluminações que atravessa os últimos ensaios de Benjamin, demonstrando, como dirá Löwy (1989), uma percepção aguda e desesperante do caráter mecânico, uniforme, vazio e repetitivo da vida dos indivíduos na sociedade industrial.

Essa mesma vivência de choque sentida pelo operário na linha de montagem pode ser sentida pelo transeunte na multidão. De acordo com Benjamin, na esfera do cotidiano o choque é uma realidade sem escapatória para o homem que enfrenta as multidões nas grandes cidades. Os mesmos gestos repetitivos, carentes de sentido, reaparecem na rua. A cidade exige do passante uma atenção bastante aguçada, pois só assim ele pode se proteger dos perigos e das ameaças múltiplas a que está sujeito. É na poesia de Baudelaire, totalmente estruturada por essa experiência, que Benjamin descobre uma forma sutil de resistência ao progresso devastador, desenvolvendo, a partir dela, uma compreensão poética e profunda da íntima relação existente entre a imagem do choque e o contato com as massas urbanas no período de consolidação do capitalismo.

> A sarjeta, leito fúnebre, por onde se vão as repugnâncias,
> Carrega em efervescência os segredos dos esgotos;
> Fustiga cada casa com seu fluxo deletério,
> Corre a amarelar o Sena que adultera,
> E apresenta sua onda aos joelhos do passante.
> Cada um, nos acotovelando sobre a calçada escorregadia,
> Egoísta e brutal, passa e nos enlameia,
> Ou, para correr mais rápido, distanciando-se nos empurra,
> Em toda parte, lama, dilúvio, escuridão do céu:
> Negro quadro com que teria sonhado o negro Ezequiel!
> (Charles Baudelaire *in* W. Benjamin, 1991, p. 224)

Como seus contemporâneos, Baudelaire também está exposto à realidade do choque mas, diferentemente do homem comum, encontra uma maneira de reagir à atrofia da experiência, por meio da categoria do *spleen*. O *spleen*, como diz Rouanet (1981), é aquela forma específica de *taedium vitae* que reconhece a experiência como irrecuperável e, em vez de recriá-la artificialmente, transforma essa perda na própria matéria de sua reflexão. Por meio do *spleen*, o poeta consegue refletir sobre o empobrecimento da experiência, o esvaziamento da memória e a reificação da vida cotidiana. Entretanto, o homem das multidões — o passante — não tem energias para a reflexão. Totalmente concentrado na interceptação do choque e atento aos perigos imediatos do meio circundante, ele reage como um autômato, seu comportamento reflexo privilegia a vivência em detrimento da experiência. Deixando-se conduzir pelo ritmo da massa, o homem moderno é obrigado a caminhar por um tempo que está reificado e que faz dele um objeto sem memória e sem história.

Mas essa nova sensibilidade produzida pela época moderna não é somente interpretada por um tom nostálgico e saudosista. A atitude de Benjamin diante dessa nova sensibilidade é, ao contrário, bastante polêmica, como de fato foi polêmica sua vida e sua obra por inteiro. Se, por um lado, ele considera o fim da experiência como o início de uma nova barbárie que legitima o triunfo da reificação, por outro, ele também percebe, nessa nova sensibilidade, um potencial político que se caracteriza por uma intensificação da consciência e que aponta para uma perspectiva de liberdade. Esse sentimento lúcido e ambivalente da perda da experiência leva Benjamin a elaborar um *conceito novo e positivo de barbárie*. Fazendo alusão ao surgimento das bases de uma nova estética encontrada nas obras de Paul Klee, Brecht, Adolf Loos, Chaplin e também no movimento Bauhaus e Cubista, Benjamin mostra que a desilusão radical com o século não exclui uma profunda fidelidade a um modo de expressar as coisas deste século, comprometendo o homem contemporâneo de forma definitiva com sua precária atualidade. Esses homens têm algo a dizer sobre sua época e, quando dizem, "rejeitam a imagem do homem tradicional, solene, nobre, adornado com todas as oferendas do passado, para dirigir-se ao contemporâneo nu, deitado como um recém-nascido nas fraldas sujas de nossa época". (Benjamin, 1987a, p. 116)

Gagnebin (1987) irá afirmar que o reconhecimento lúcido da perda da experiência é, para Benjamin, o reconhecimento do surgimento das bases de uma outra prática estética que se opunha ao sentimentalismo burguês, o qual desejava preservar, nas artes, a aparência de uma intimidade intersubjetiva.

Procurando dialetizar a perda da experiência do homem moderno, Benjamin traz à tona tanto sua dimensão desumanizante como sua possível dimensão libertadora e, com isso, procura uma abrangência teórica mais complexa para enfrentar a contraditoriedade do real. Essa discussão encontra sua expressão mais esclarecedora no seu famoso ensaio de 1936, "A obra de arte na época de suas técnicas de reprodução",[8] do qual retomaremos em seguida algumas ideias que servirão como fio condutor para nossa compreensão das posições antitéticas sobre a modernidade no pensamento de Benjamin.

---

8. Este ensaio apresenta duas versões. A primeira versão foi publicada no Brasil em 1987, pela Brasiliense. A segunda versão, Benjamin começou a escrever em 1936 e só foi publicada em 1955. Esta segunda versão foi editada no Brasil, pela primeira vez, em 1969 em *A idéia do cinema* (Rio de Janeiro, Civilização Brasileira) e na coleção Os pensadores, da Abril Cultural, em 1980.

O potencial político da arte sem aura

Em "A obra de arte na época de suas técnicas de reprodução", Benjamin faz uma análise das causas e das consequências da destruição da *aura* que envolve a obra de arte clássica na qualidade de objeto individualizado e único. Definindo sua concepção de *aura* como "o aparecimento único de uma realidade longínqua, por mais próxima que esteja", Benjamin (1980) afirma que, com o progresso das técnicas de reprodução, a obra de arte estaria condenada a ser destituída do seu *status* de raridade.

Com a multiplicação dos meios de reprodução técnica, sobretudo com o aparecimento da fotografia e, posteriormente, do cinema, a estrutura espaço-temporal da obra de arte se modifica. A partir do momento em que a obra fica excluída da atmosfera religiosa, que faz dela objeto de culto a ser consumido por poucos, a arte perde a sua *aura* e, na origem dessa dissolução, começa a se desenvolver o germe de uma política de transformação do real. Isso significa que o fim da *aura* na obra de arte não é, de forma alguma, arbitrário, mas condicionado socialmente. Por isso, Benjamin encontra no mundo massificado do capitalismo as causas do surgimento de um novo tipo de percepção voltado para o idêntico e para o contato direto com as coisas.

> Despojar o objeto de seu véu, destruir a sua aura, eis o que assinala de imediato a presença de uma percepção, tão atenta àquilo que se repete identicamente pelo mundo, que graças à reprodução, consegue até estandartizar aquilo que existe uma só vez. (W. Benjamin, 1980, p. 9)

Enquanto a arte clássica estava voltada para a contemplação individual, sendo, portanto, necessariamente elitista, a arte pós-aurática é condicionada por um tipo de recepção coletiva; esta irá mudar qualitativamente a relação entre a obra e o público, modificando a atitude da massa em relação à arte. Com base nisso, Benjamin afirma que "muito retrógrada diante de um Picasso, essa massa torna-se bastante progressista diante de um Chaplin".

Nessa perspectiva é que podemos compreender o potencial político que Benjamin confere a essa nova sensibilidade. Mesmo consciente da barbárie introduzida pela destruição da cultura, cujo efeito mais evidente se revelou na ascensão do nazifascismo, Benjamin defende a dimensão libertadora da arte sem aura, acreditando no seu potencial progressista. Segundo ele, somente a arte pós-aurática é capaz de revelar, na sua própria forma de expressão, o conteúdo da existência do homem no mundo moderno, que se baseia na fruição da mera vivência.

De acordo com Rouanet (1981), Benjamin percebe que

na arte pós-aurática, a vivência passa a assumir funções que a experiência, vinculada à aura, não pode mais exercer. Só ela pode refletir a estrutura "choquiforme" da realidade, responder às exigências da nova sensibilidade, baseada na generalização do choque, e agir sobre seu público, transmitindo-lhe a visão das tarefas adequadas à nova realidade.

A constatação de que o desaparecimento da aura não é em si um fato puramente estético, mas um fato político, traz consigo a revelação de que a função social da arte é fundamentalmente atingida e se modifica completamente com o advento do capitalismo. Benjamin quer chamar a atenção para o fato incontestável de que a massa é a matriz de onde emana, no mundo atual, todo um conjunto de atitudes novas em relação à arte. Visto que o crescimento maciço do número de participantes transformou o seu modo de participação, Benjamin afirma que "a quantidade tornou-se qualidade."

O cinema e a estética do choque

O cinema oferece uma nova forma de arte adequada a uma sensibilidade saturada pela experiência do choque. Com o cinema, diz Benjamin (1989), a estética do choque chega à maturidade; aquilo que determina o ritmo da produção na esteira rolante está subjacente ao ritmo da receptividade no filme. Respondendo a uma nova e urgente necessidade de estímulos, a linguagem cinematográfica expressa e reproduz esse novo tipo de vivência-violência que vai se tornando cada vez mais incorporada ao cotidiano do homem no mundo atual.

O cinema é a forma de arte que corresponde à vida mais perigosa, destinada ao homem de hoje. A necessidade de se submeter a efeitos de choque constitui uma adaptação do homem aos perigos que o ameaçam. O cinema equivale a modificações profundas no aparelho perceptivo, aquelas mesmas que vivem atualmente, no curso da existência privada, o primeiro transeunte surgido numa rua de grande cidade e, no curso da história, qualquer cidadão de um Estado contemporâneo. (W. Benjamin, 1980, p. 25)

Ao perceber o cinema como uma forma de arte marcada pela hegemonia da massa, e querendo mostrar o caráter político e transformador que ele pode ter, Benjamin não hesita em contestar as numerosas críticas que o identificam como uma arte manipuladora, apenas destinada a induzir as massas a se conduzir de forma a se submeter a tarefas que não realizariam se não estivessem orientadas pelo estado de "dispersão".

Vê-se bem que reencontramos, no fim de contas, a velha recriminação: as massas procuram a diversão, mas a arte exige a concentração. Trata-se de um lugar-comum; resta perguntar se ele oferece uma boa perspectiva para se entender o cinema. Necessário, assim, esmiuçar o assunto. A fim de traduzir a oposição entre diversão e concentração, poder-se-ia dizer isto: aquele que se concentra, diante de uma obra de arte, mergulha dentro dela, penetra-a como aquele pintor chinês cuja lenda narra haver-se perdido dentro da paisagem que acabara de pintar. Pelo contrário, no caso da diversão, é a obra de arte que penetra na massa. (W. Benjamin, 1980, p. 26)

Mesmo admitindo o caráter autoritário do cinema e estando também consciente de que o declínio da aura nas condições concretas do capitalismo não foi acompanhado de uma maior liberdade nas relações humanas, Benjamin continua dialetizando sua compreensão da arte de massas, buscando, assim, revelar seu potencial progressista e transformador. Para ele, "não há nenhum documento da cultura que não seja também um documento de barbárie". Sua opção é por uma práxis que faça justiça à dimensão contraditória do real, assumindo a tarefa de aprofundar essas contradições sem aboli-las ou absorvê-las numa compreensão sistêmica e empobrecida da realidade.

Todas essas questões, discutidas por Benjamin em seu ensaio datado de 1936, são absolutamente pertinentes para uma compreensão mais sofisticada dos efeitos da mídia sobre o homem deste final de século. Esse texto ambivalente e que sugere leituras diversas, ao mesmo tempo que explicita uma indignação diante de uma nova sensibilidade regida pela técnica de reprodução, busca também encontrar uma expressão mais positiva nessa sensibilidade moderna. Essa compreensão dialética da realidade contemporânea é que irá permitir uma recusa das *coisas modernas* como naturais e necessariamente progressistas. Se por um lado o homem moderno se encontra submerso numa grande confusão de valores antagônicos, por outro, ele se encontra, também, no meio de uma desconcertante abundância de possibilidades (M. Berman, 1988). Diante desse quadro, nos indagamos: Qual seria o papel das ciências humanas no enfrentamento dessas contradições que marcam as sociedades capitalistas deste final de milênio?

O que podemos constatar, quando empreendemos uma análise histórico-ideológica das ciências humanas, é que as diferentes áreas do saber humano e social (especialmente a psicologia e a sociologia) se constituíram, principalmente, em técnicas de intervenção da realidade, fornecendo um instrumental teórico e prático que funcionou e ainda funciona a serviço das necessidades da sociedade atual de submeter o homem ao mais estrito controle, adaptando-o a uma sociedade regulada e planificada pelas regras do consumo do mundo capitalista. A consequência disso é que as ciências humanas acabam definindo o homem pela sua ausência e, portanto, não conseguem instaurar a ruptura epistemológica que as constituiria como ciências verdadeiramente humanas; e, não rompendo, não inovam nem provocam a descontinuidade necessária em direção a um saber que devolva ao homem sua condição de sujeito e de, portanto, ser capaz de questionar e transformar as estruturas sociais e políticas que o oprimem.

A ruptura epistemológica

Mas será que as ciências humanas estariam condenadas a se constituir eternamente a serviço da destituição do homem? Será que o futuro das ciências humanas se reduz ao funesto destino de sempre se identificar com os instrumentos de dominação e controle social? Não necessariamente. Mas, para isso, as ciências humanas precisam se interrogar sobre o lugar onde o *homem se desfaz* e, a partir daí, recuperar uma identidade própria, instaurando a necessária ruptura epistemológica que as constituiria como ciências verdadeiramente humanas.

Mas como isso é possível? Como resgatar essa humanidade do homem-sujeito das ciências humanas? Como recuperar o homem, entendendo-o, simultaneamente, como indivíduo e como ser histórico? Como captar sua singularidade e, ao mesmo tempo, sua vinculação com o coletivo e com a totalidade em que se insere?

Ora, uma vez que a linguagem é o que caracteriza e marca o homem, trata-se de restaurar nas ciências humanas o espaço do *sentido*. O sentido da palavra é o caminho para o resgate daquilo que no homem é sujeito, no qual ele não se anula e nem se desfaz.

Para Japiassu (1982), a linguagem e suas múltiplas teorizações constituiriam a contraciência capaz de unificar a heterogeneidade dos componentes do campo *pseudocientífico* das ciências humanas. Mas a linguagem, acrescenta ele, precisa ser estudada em suas relações com o inconsciente, pois este determina suas formas e sua emergência.

Mas se, por um lado, ressaltamos a necessidade de a linguagem ser estudada em razão de suas relações com o inconsciente, por outro, acrescentaríamos também a necessidade de uma compreensão da linguagem em virtude de suas relações com a estrutura social. Essa é a contribuição teórica de M.M. Bakhtin (1981a), como veremos posteriormente.

A teoria marxista da linguagem de Bakhtin amplia enormemente o âmbito das discussões sobre o estatuto de cientificidade das ciências humanas. A propósito disso, esse autor dirá que a interpretação dos sentidos pode não ser científica, mas é profundamente cognoscitiva e está a serviço da práxis. Para Bakhtin (1981b), a interpretação das estruturas simbólicas pode não chegar a ser científica no sentido da cientificidade das ciências exatas. Entretanto, acrescenta, a simbologia não é uma forma não científica do conhecimento, mas uma forma científica diferente, que tem suas leis internas e seus critérios de exatidão.

> As ciências exatas representam uma forma monológica do conhecimento: o intelecto contempla o objeto e se expressa a seu respeito. Aqui existe apenas um sujeito, o cognoscitivo

(contemplativo) e falante (enunciador). O que se lhe opõe é, tão-somente, algo sem voz. Qualquer objeto do conhecimento (inclusive o homem) pode ser percebido e compreendido como coisa. Mas um sujeito, como tal, não pode ser percebido nem estudado como coisa, dado que, sendo sujeito, não pode — se continua assim sendo — permanecer sem voz; portanto, seu conhecimento só pode ter caráter dialógico. (M.M. Bakhtin, 1981b, p. 383)

Bakhtin mostra que, em cada pessoa, há um potencial de sentido que necessita ser desvendado. O outro precisa "chegar a ser palavra", quer dizer, iniciar-se num contexto verbal e semântico possível para se revelar. Restaurar o espaço do sentido significa, portanto, devolver ao sujeito não apenas seu discurso, mas a autoria da sua palavra e o lugar do seu desejo no confronto com a realidade.

Nesse ponto encontramos uma profunda afinidade da psicanálise com uma concepção ampliada de linguagem, que tanto Bakhtin quanto Benjamin e Vygotsky desenvolveram em suas obras, e cuja repercussão no aparato conceitual das ciências humanas pretendemos discutir e aprofundar nos próximos capítulos.

RESSIGNIFICANDO A PALAVRA, OS OBJETOS E A INFÂNCIA POR MEIO DA PSICANÁLISE

Não basta abrir a janela
Para ver os campos e o rio.
Não é bastante não ser cego
Para ver as árvores e as flores.
É preciso também não ter filosofia nenhuma.
Com filosofia não há árvores: há ideias apenas.
Há só cada um de nós, como uma cave.
Há só uma janela fechada, e todo o mundo lá fora;
E um sonho do que se poderia ver se a janela se abrisse,
Que nunca é o que se vê quando se abre a janela.

Fernando Pessoa

Que consequências têm para o aparato conceitual das ciências humanas as descobertas da psicanálise? De que forma uma abordagem que pretende articular a estrutura do psiquismo com a estrutura das relações sociais nos ajuda a avançar na reflexão sobre as questões humanas e sociais, tendo em vista os rumos do capitalismo mundial integrado? A psicanálise pode oferecer subsídios para uma compreensão e para uma interpretação da cultura contemporânea? Tendo essas questões como horizonte de nossas reflexões, abrimos o debate epistemológico no âmbito da teoria psicanalítica.

O dilema da psicanálise e sua função como contraciência

A psicanálise não escapou à pretensão de erigir-se como verdadeiro conhecimento científico. Aplicando a si própria as categorias que definem *conhecimento* e *ciência*, buscou alcançar o estatuto de cientificidade estabelecendo uma homogeneidade entre os fenômenos inconscientes e os fenômenos físico-químicos.

A ciência pretende apropriar-se do real para explicá-lo de modo racional e objetivo. Procura estabelecer entre os fenômenos observados relações universais e necessárias. Além disso, autoriza a previsão de resultados ou efeitos cujas causas podem ser detectadas mediante procedimentos de controle experimental. Mas será que a psicanálise teria necessidade de constituir-se em uma ciência com base nessa concepção? Teria a psicanálise necessidade de apropriar-se de um campo empírico ou ideal de dados?

Sem responder de imediato a essas questões, podemos afirmar que a sua pretensão em aderir ao modelo de cientificidade em vigor fez com que a psicanálise, nos primórdios de suas investigações, demonstrasse uma preocupação de representar o aparelho psíquico em linguagem neurofisiológica para, com isso, conferir uma base científica às especulações psicológicas. Para Japiassu (1989), nesse momento, Freud é levado a desenvolver suas teses fisicalistas e estabelecer uma homogeneidade entre os fenômenos inconscientes e os fenômenos físico-químicos. Nessa tentativa de fundar-se como ciência, a psicanálise busca privilegiar as interpretações causalistas, não só para explicar os fenômenos considerados insignificantes (sonhos, lapsos, chistes etc.), mas também para explicar os fatos psicológicos construídos a partir desses fenômenos. O causalismo determinista perpassa todo o seu método. O papel da interpretação e da teoria é o de descobrir a causa de todo comportamento ou discurso, mesmo daquele aparentemente fortuito e sem significação.

Embora Freud tenha optado decididamente pelo rigor científico e pelo determinismo causalista, paradoxalmente, afirma Japiassu (1989), é por seus aspectos não científicos que a psicanálise apresenta seus resultados mais ricos, fecundos, originais e interessantes.

Japiassu (1989) destaca que é muito mais pelo método utilizado do que pelos conteúdos físico-biológicos de suas teorias que Freud se revela um homem de ciência. Na verdade, é justamente em nome desse método que a psicanálise acaba se opondo à sua própria ortodoxia, ou seja, a toda tentação de fixar seu conteúdo num *corpus* de ensinamentos verdadeiros e definitivos.

Uma vez que a psicanálise tomou por objeto a exploração do aparelho psíquico por meio das profundezas do inconsciente, ela deixa revelar seu lado ambíguo, inaugurando uma espécie de laço oculto entre ciência e misticismo. O conhecimento científico do inconsciente, na teoria psicanalítica, irá se aproximar do mito como produção, expressão e meio de investigação do aparelho psíquico.

A psicanálise, ao aderir a essa perspectiva, é excluída pelos empiristas da esfera científica. Para os empiristas, fora dos parâmetros da medida e da verificabilidade, está o reino da superstição, da magia e da religião. A garantia da verdade contra os "perigos da imaginação" se encontra do lado dos fatos. A coerência lógica é a garantia de uma generalidade possível; e, portanto, da existência de um conhecimento.

Assim, a psicanálise, ao decidir trabalhar com a dimensão da realidade interior — o inconsciente — deve, necessariamente, ou redefinir seu conceito de cientificidade ou admitir não poder ter acesso a ela. Não sendo mais possível satisfazer às exigências do operacionalismo de uma racionalidade científica tomada das ciências da natureza, a psicanálise deve optar por não ceder à mutilação daquilo que ela possui de mais original.

A originalidade da psicanálise se define muito mais por ser ela uma ciência exegética, hermenêutica ou interpretativa do que uma ciência do comportamento. Por esse motivo, a psicanálise deve buscar seu lugar entre as ciências semiológicas e históricas. (Japiassu, 1989)

Por meio do conceito de inconsciente, a psicanálise se distancia da psicologia convencional. Ao se propor ser uma teoria geral do comportamento, a psicologia corre o risco de se subordinar à ideologia dominante, tomando o objeto humano no seio de uma coletividade regulada e reguladora. Ao contrário, o inconsciente não é o que se oferece benevolente, mas o que teima em se ocultar. Freud mostrou, desde os seus primeiros escritos, que a verdade se insinua não a partir do caráter formalizado do discurso, mas precisamente quando o discurso falha, quando as palavras tropeçam. Enquanto a inteligência científica percorre os caminhos da não contradição, o inconsciente freudiano busca seu princípio de inteligibilidade em outro lugar, diferente da coerência do discurso manifesto. Para Garcia-Roza (1990), a recusa da univocidade da palavra, presente no pensamento de Heráclito, esclarece um dos fundamentos mais pertinentes da psicanálise.

> A palavra de Heráclito é "obscura" porque conduz à clarificação. Esta, porém, não se esgota naquilo que aparece. Se sua palavra conduz à verdade, é com a condição de seu ouvinte não ficar preso à exterioridade do dizer, mas sim de procurar, através desse dizer, a verdade que ele expressa, verdade essa que não é transcendente às palavras e às coisas, mas que simultaneamente transparece e se oculta no devir.
> Ater-se exclusivamente ao que aparece é deixar-se ofuscar pelo brilho daquilo que se apresenta e não ter olhos e ouvidos para o que se presentifica nesse aparecer, mantendo-se, porém, oculto. (Garcia-Roza, 1990, p. 53)

Nessa vertente, a psicanálise se constitui como um *saber transgressor*, ou seja, inovador, instituinte e subversivo. É esse enfrentamento com o saber preexistente e com a ideologia dominante que permite à psicanálise, relativamente às ciências humanas, afirmar-se como contraciência.

> Ao lado de uma corrente psicológica tentando a todo custo reivindicar um estatuto de cientificidade, existe toda uma "contracorrente" procurando denunciar, não somente a ilusão da psicologia de ser uma "ciência", mas a pretensa cientificidade de todas as chamadas ciências humanas. Trata-se de uma cientificidade que não se define de modo unívoco. (Japiassu, 1989, p. 56)

Portanto, o lado inovador e transgressor da psicanálise se revela quando, por meio do conceito de inconsciente, ela subverte o ideal científico da psicologia experimental. Com a psicanálise, as ciências humanas passam a ser não uma análise daquilo que o homem é em sua natureza empírica, mas a análise do homem como fonte de representações suscetíveis de exprimir suas relações com a vida, com o trabalho e com a linguagem. Em outros termos, não é o homem na sua positividade empírica o seu objeto, mas a representação que ele se faz do mundo por intermédio de signos linguísticos.

A psicanálise descobre aquilo que internamente divide o próprio sujeito. O sujeito é o objeto de processos que são sua *verdade*, dos quais nada pode saber. Por esse motivo, a intervenção psicanalítica é tida como uma dialética entre o *saber* e a *verdade*. O que no sujeito é *verdadeiro* ele não sabe, o que ele *sabe* não é sua verdade (Japiassu, 1989).

O objetivo da psicanálise melhor se define por permitir que o sujeito humano assuma sua história biográfica e cultural, a qual é constituída *na* e *pela* palavra dirigida ao outro. Trata-se, portanto, de uma história que só pode ser mostrada *na* e *pela* linguagem, e é por isso que a psicanálise não elimina o sujeito. Ela é uma ciência que se realiza *na* e *pela* intersubjetividade. O trabalho analítico é a busca de um saber dialógico, mediado por uma relação afetiva entre pessoas. Ao reconhecer que eliminando a ambiguidade da palavra e seu caráter equívoco se elimina não só um ocultamento essencial, mas também o próprio sujeito, a psicanálise recupera um outro lugar para a constituição do saber.

> Se a palavra fosse unívoca, seríamos máquinas, ou mais rigorosamente ainda, seríamos naturais. O homem surge e instala-se no lugar do desamparo, isto é, no lugar onde não há garantia alguma da verdade do outro. Sem esse desamparo fundamental não haveria intersubjetividade, mas inter-objetividade, ausência completa de qualquer coisa que se assemelhasse à inteligência humana. O que funda a subjetividade é a opacidade, a não-transparência e, com ela, a possibilidade da mentira, do ocultamento, da distorção. Pretender uma palavra que elimine o equívoco é pretender uma palavra super-humana. (Garcia-Roza, 1990, p. 45)

Se o homem fala é porque o símbolo faz o homem e, portanto, a linguagem o constitui. Por isso é que a linguagem e suas múltiplas teorizações constituem a base de um questionamento profundo da heterogeneidade dos componentes pseudocientíficos das ciências humanas.

A partir dessa análise, evidencia-se que a contribuição mais fecunda da psicanálise para o campo epistemológico é a de fazer existir uma atitude intelectual metódica e uma prática de saber suscetíveis de ultrapassar, de fato, o caráter clássico da cientificidade. Entretanto, uma vez que a teoria do inconsciente parece conduzir a uma psicologização do social, a uma biologização do psiquismo e a uma naturalização do humano, ela nos conduz a um outro tipo de impasse epistemológico, porque exclui do seu campo de análise o caráter fundamentalmente histórico e social dos fatos humanos.

Um dos riscos que corre a psicanálise é fazer generalizações apressadas que levem à crença em uma natureza humana imutável. Apoiando-se numa relativa permanência das estruturas infantis ou em objetos tipificados do desejo — seio, fezes, pênis etc. — a psicanálise pode ser levada a admitir a invariância do psiquismo humano ou até mesmo da organização da sociedade. Para evitar que ela seja seduzida pela ideologia naturalista ou pelo reducionismo de suas correntes ortodoxas ou de suas vertentes estruturalistas, é fundamental que a psicanálise incorpore uma teoria capaz de rever sua concepção de inconsciente, procurando nela integrar as manifestações do psiquismo com as manifestações mais abrangentes de caráter social, político e econômico, presentes no cotidiano da sociedade.

Nesse ponto, trazemos à tona a questão da relação inconsciente e dialética. O problema fundamental é o de conceber o inconsciente como uma espécie de território aberto, no qual todo tipo de interação social diretamente ligada ao fluxo contínuo da história nele se manifeste e participe da constituição da subjetividade, levando em conta a função do desejo no campo social. Para o método dialético, a fonte das mudanças sociais e da resolução dos conflitos não se encontra em nenhuma realidade psicológica individual, mas no mundo social e em suas contradições. A história encontra sua explicação última não no psiquismo dos indivíduos, mas na dialética de suas relações constitutivas. Para se tornar motor da história, essa dialética precisa levar em conta os indivíduos concretos, sem negar a possibilidade de uma articulação das estruturas inconscientes dos desejos com os sistemas ideológicos mais estáveis e duradouros de um complexo social.

É importante esclarecer que a proposta não é fazer um amálgama da psicanálise com o marxismo, mesmo porque, cada uma dessas abordagens, como teorias já constituídas, não se prestaria a isso. Um sistema de conceitos que funciona no interior de uma dada teoria não funciona convenientemente fora de seu meio de origem. Contudo, trata-se de esboçar um corpo teórico mais abrangente que leve em consideração a questão do funcionamento do desejo no campo social; em outras palavras, criar novas construções teóricas que deem conta de uma formulação que englobe o desejo do indivíduo articulando-o com as manifestações do desejo coletivo.

O importante nessa articulação — psicanálise e dialética ou psicanálise e marxismo — é proceder a uma crítica permanente e rigorosa das superestruturas que freiam, bloqueiam e paralisam o exercício da liberdade criadora dos homens. É necessário, portanto, uma teorização que funcione como um desvelamento das *coisas* que a sociedade oculta, silencia e recalca, por meio de uma abordagem renovada do conceito de inconsciente. Com isso, pretende-se recuperar uma significação mais ampliada desse conceito, possibilitando que ele subsista segundo novas modalidades, para permitir uma compreensão mais profunda das ações e produções humanas em nosso atual momento histórico.

A crítica ao inconsciente freudiano

Indagando-se sobre por que a teoria freudiana teria exercido enorme atração em largos setores da burguesia europeia da época, Bakhtin (1980) conclui que o fato se deve ao seu poder de esvaziamento dos acontecimentos histórico-sociais e à sua adesão a uma visão de homem cujo centro de gravidade é um organismo biológico isolado.

Uma das preocupações de Bakhtin, no seu livro *Le freudisme*, é mostrar como os conceitos da psicanálise são construídos em estreita relação com o domínio da ideologia. Critica a obra de Freud porque nela encontra uma tendência a dissolver no psiquismo a necessidade material externa, contrapondo história social e organismo biológico psicologizado. Para ele, a filosofia burguesa tem uma só intenção — edificar um mundo fora do social, por isso enfatizar como essenciais o nascimento, o ato sexual e a morte. Com isso, assinala Bakhtin, reduz o homem à sua natureza animal.

Seduzido pela filosofia biológica do pensamento contemporâneo, o freudismo optou por deixar de lado o mundo da história e do social, dedicando-se a aprofundar sua análise nos limites da insuficiência do organismo. Mas o que pode significar o nascimento e a vida de um homem biológico abstrato? Ao fazer esse questionamento, Bakhtin acrescenta que é somente como membro de um grupo social, numa classe e por uma classe, que o indivíduo humano atinge uma realidade histórica e uma produtividade cultural. Para entrar na história não é suficiente nascer. É necessário um segundo nascimento — um nascimento social. Não nascemos organismo biológico abstrato, mas aristocrata, camponês, burguês ou proletário — é esse o ponto fundamental.

Ao criticar a concepção do organismo biológico abstrato, Bakhtin ressalta a necessidade de se precisar a situação social do organismo que se estuda. Dessa forma, contrapõe-se à filosofia burguesa, que nega todo o conhecimento fora dos quadros do biológico e reduz o conteúdo integral de nossa vida e de nossa obra às transformações de nossas pulsões sexuais. Aprofundando seus argumentos nessa direção, Bakhtin afirma que as pulsões sexuais são evidentes e incontestáveis, enquanto todos os outros julgamentos de valor da ideologia social são duvidosos e contestáveis. Exatamente por isso a sexualidade se coloca no nível de suprema realidade; quanto mais o indivíduo é colocado fora de sua classe, mais ele sente que é apenas *natureza, mundo elementar*. Com o freudismo, as relações sexualizadas dos indivíduos fazem negligenciar todo o resto, tornando-se o arquétipo e a medida de todas as demais relações. O que conta não é mais aquilo que nos assinala um lugar e um papel na história (pertencer a uma classe, a uma nação e a uma época), mas somente nosso sexo e nossa idade; todo o resto é apenas superestrutura.

Bakhtin evita invocar o inconsciente como Freud o compreendeu. Para ser exato, ele não aceitava a noção de uma estrutura separada e inacessível a partir da qual nossos impulsos, nossos medos e nossas surpresas ficavam armazenados, argumentando a favor de um quadro mais rico, variado e diverso para os poderes da consciência. Segundo ele, o inconsciente psicanalítico pretende fundar um mundo novo, um verdadeiro continente virgem além do social, do histórico e de toda materialidade. Um continente fora do tempo e do espaço. Mas ao pretender permanecer integralmente fiel à ótica da experiência subjetiva, a psicanálise se ilude e revela sua precariedade maior — tentar explicar os conflitos interiores exclusivamente pela luta do consciente com o inconsciente, além de supor uma pretensa universalidade na dinâmica dessa relação. Onde Freud descreve um conflito entre consciente e inconsciente, Bakhtin descreve um diálogo complexo entre numerosas e diversas vozes sociais presentes na fala interior e afirma: "A consciência é muito mais terrível do que qualquer complexo inconsciente." Em Bakhtin, a ideia de fala interior serviu como alternativa à noção freudiana do inconsciente.[9]

Com base nessa crítica, Bakhtin pondera que as raízes do inconsciente descobertas na sessão psicanalítica são, com efeito, reações verbais. Portanto tudo que toca o essencial do conteúdo inconsciente passa, necessariamente, pelo discurso do sujeito e, assim, depende de fatores ligados à sociedade objetiva. O meio social determina e controla nossas reações verbais ao longo de nossa vida. As reações verbais conscientes são o modo de acesso ao conteúdo inconsciente do psiquismo. Mas se as reações verbais são produto do meio social e, portanto, ideologicamente determinadas, o inconsciente também não escaparia a essa determinação ideológica. A parte verbal de nosso comportamento, seja este linguagem interior ou exterior, não pode ser de forma alguma atribuída a um sujeito individual tomado isoladamente; o enunciado verbal não se limita ao indivíduo que o expressa, mas pertence também a seu grupo social.

Bakhtin quer destacar o acontecimento social imediato, a partir do qual qualquer enunciado emerge. Entretanto seu interesse maior não é o contexto imediato em si, mas as outras ligações sociais mais amplas, mais duráveis e mais sólidas que se evidenciam por meio das relações verbais no contexto social imediato. Em outros termos, para Bakhtin, tanto o conteúdo de nosso psiquismo quanto os enunciados particulares por meio dos quais esse conteúdo se manifesta externamente são inteiramente determinados por fatores socioeconômicos. Com base nessa perspectiva, ele irá afirmar que não é nos fechando nos limites de um organismo individual que poderemos chegar às verdadeiras raízes de um enunciado individual, qualquer que seja, mesmo quando este se refere ao que

---

9. Ver também em Morson & Emerson (1990) crítica de Bakhtin à noção freudiana do inconsciente.

há de mais pessoal e mais íntimo no sujeito. É na consciência de classe que se encontram as raízes objetivas de nossas reações verbais, mesmo sendo essas reações verbais extremamente pessoais e íntimas.

A partir dessa análise, que coloca a centralidade da *palavra* e do *signo linguístico* na constituição do sujeito e das ideologias, Bakhtin (1981) mostra a chave da compreensão da relação recíproca entre infraestrutura e superestrutura. A essência do problema é explicitar como a realidade (infraestrutura) determina o signo, ou como o signo linguístico reflete e refrata a realidade em transformação.

Uma vez que o signo linguístico não é apenas parte de uma realidade, mas reflete e refrata uma outra realidade, ele está sujeito aos critérios de avaliação ideológica e, portanto, pode distorcer a realidade, ser-lhe fiel ou apreendê-la de um ponto de vista específico.

Bakhtin sugere, assim, que a distorção que o sujeito opera na compreensão da realidade não pode ser explicada exclusivamente pela história individual de um psiquismo, como pretende a psicanálise, e busca as conexões esclarecedoras da verdade do sujeito nos sistemas ideológicos sedimentados no contexto social a que este se encontra submetido.

Para Bakhtin, tomar consciência de si é se assujeitar a uma norma social, a um julgamento de valor; é tentar, num certo sentido, ver-se com os olhos de um outro representante de seu grupo social, de sua classe. A consciência de si surge, sempre, de uma consciência de classe e, portanto, pode ser melhor compreendida como um reflexo do social que se manifesta na particularização.

O olhar, a palavra, o "eu" e o "outro"

A compreensão da construção social da consciência de si, tal como apresentada por Bakhtin, pode ser retomada por meio do diálogo ocorrido entre quatro crianças (Juan, cinco anos; Elaine, cinco anos; Ailton, seis anos; Renato, seis anos) que frequentam uma pré-escola comunitária situada numa favela da zona sul do Rio de Janeiro.[10]

Juan e Elaine

(Adulto) — Vocês gostam de vir aqui?
(Juan) — Gosto. Porque a gente aprende tudo.
(Elaine) — A ler, a desenhar, brincar, aprender.
(Juan) — Aprende a não fazer bagunça.
(Adulto) — E quando vocês fazem bagunça, o que acontece?
(Juan) — A tia fala com nós. Com o Ailton e com o Renato ela grita, com nós não.
(Elaine) — Quando ela fala a gente atende.
(Adulto) — A tia já colocou vocês de castigo alguma vez?
(Juan) — Não. Só o Ailton e o Renato.
(Elaine) — Eles fazem muita bagunça. Se não botar eles de castigo, eles ficam batendo em todo o mundo.
(Juan) — A tia não é boa com eles não.
(Adulto) — Ela é boa com quem?
(Juan) — Com a gente. Porque a gente não faz bagunça.
(Elaine) — Se o Ailton ficasse bom como a gente, ele não ia ficar de castigo, mas como ele é ruim, bota de castigo.
(Juan) — Eu gosto de todo mundo daqui, menos do Ailton e do Renato.
(Elaine) — Ninguém vai gostar deles dois.
(Juan) — Quando ele ir para outra escola, só vai aprender a rabiscar.
(Elaine) — Eles têm que ir para o colégio interno.

Para Juan e Elaine, o valor da escola é diretamente relacionado com as possibilidades de aprendizagem e lazer que esta oferece. Mas, para expressar essa opinião, eles preferem falar a partir do seu oposto, quer dizer, da própria negação desses valores, que se

---

10. A escolha dessas crianças deu-se da seguinte maneira: ao solicitarmos à professora que nos indicasse duas crianças para uma entrevista, ela apontou Juan e Elaine. Evidentemente que essa escolha não está isenta de um sentido próprio que ela conferiu a essa situação. Em virtude de essas duas crianças terem organizado o tema de suas falas a partir de críticas ao comportamento de dois de seus colegas no contexto escolar, decidimos, então, ouvir Ailton e Renato para confrontar as expectativas e os desejos que eles têm em relação ao ambiente da pré-escola com a opinião de seus colegas. Como veremos, ao adotarmos essa estratégia, o espaço interpretativo de nossas indagações se alterou totalmente.

revela por meio do modo como percebem seus colegas, Ailton e Renato. Tanto Juan quanto Elaine possuem uma imagem bastante negativa desses seus colegas. Admitem explicitamente que ambos estão fadados ao fracasso escolar e reproduzem em suas falas a discriminação social que, começando a operar desde cedo, reforça a estratificação social e econômica com base nas interações socioafetivas que ocorrem no interior do contexto escolar. Na opinião de Juan, tanto Ailton como Renato só irão aprender a rabiscar, ou seja, não têm condição de aprender a escrever como ele, Juan, demonstra ter. O individualismo e a competição se evidenciam na fala das crianças, revelando o tipo de modelização das relações socioafetivas que estão presentes no contexto escolar e que refletem o tipo de opressão também presente no conjunto da sociedade.

Vejamos como, em contrapartida, Ailton e Renato se percebem nesse mesmo contexto.

Ailton e Renato

(Adulto) — Vocês gostam de vir aqui?
(Renato) — Gosto. Porque a escola é muito bom. Porque dá brinquedo para mim. No dia do Papai Noel, dá tudo pra gente.
(Ailton) — Por isso a gente gosta. Porque o Papai Noel vem aqui.
(Renato) — Por causa dos palhaços daqui.
(Adulto) — E o que vocês gostam de fazer na escola?
(Renato) — Ué! Brincar.
(Ailton) — Gosto de fazer comida!
(Renato) — A gente gosta de varrer a sala.
(Ailton) — Pra nossa sala ficar bonita. Tudo que ela mandar eu faz.
(Adulto) — Você gosta de escrever?
(Ailton) — Eu gosto de ir para outro lugar.
(Adulto) — Que outro lugar?
(Ailton) — Aqui nesse morro vai cair tudinho. Lá no prédio é que não cai, né? O prédio tem uma força, né?
(Adulto) — Você quer morar aonde?
(Ailton) — Eu quero morar no Rio-Sul.
(Adulto) — Por quê?
(Ailton) — Porque no morro a casa fica caindo quando chove. A chuva danada derrubou o barraco do meu pai.
(Renato) — Minha casa é de tijolo. A minha não cai, não.
(Ailton) — Eu vou morar em Caxias porque minha mãe, minha mãe... minha casa está podre.
(Renato) — Pra minha não cair, minha mãe vai fazer uma casa de tijolo.

Ailton e Renato apresentam expectativas diferentes em relação à escola. Seus depoimentos se distinguem nitidamente dos depoimentos de seu colegas, deixando, assim, transparecer que, nesse caso, a dinâmica das relações socioafetivas desse ambiente escolar, para eles, realiza-se em uma outra direção. Por isso, enfatizam preferencialmente as coisas materiais a que o ambiente da pré-escola lhes permite ter acesso. As conquistas intelectuais e a aprendizagem escolar, propriamente ditas, não são abordadas por eles no diálogo. Ao serem indagadas sobre o que gostam de fazer, essas crianças não mencionam qualquer atividade que envolva a aquisição de conhecimentos formais, ou seja, conhecimentos que são prestigiados em nossa sociedade. Em contrapartida, afirmam *gostar* dos trabalhos domésticos, como varrer a sala, arrumar, fazer comida... Isso nos suscita uma indagação. Serão essas as solicitações mais frequentes ou, até mesmo, as únicas solicitações que essas crianças recebem no ambiente escolar ou na família? Essa questão nos leva a refletir sobre quanto a criança, por meio da família, da TV, da escola, engaja-se num processo complexo de formação da sua subjetividade, ao termo do qual deverá estar adaptada às funções produtivas e sociais que a esperam na sociedade.

Ao ser indagado sobre a sua escrita, Ailton muda de assunto repentinamente, alegando querer ir para outro lugar. Ailton se *expressa fora do assunto*, a partir de uma posição que mostra qual é o seu desejo. Como diz Guattari (1987), em família ou na escola, normalmente se reprime a criança por estar *fora do tema*. É preciso estar sempre no *assunto*, na *linha*, mas o desejo, por sua própria natureza, tem sempre a tendência de *sair do assunto, sair do tema* e derivar. Se nos permitirmos essa escuta da criança, quer dizer, nos deixarmos ser orientados a partir do desejo que ela expressa na palavra *fora do tema*, podemos, certamente, com ela, construir uma outra compreensão do seu próprio texto, ou melhor, ir ao encontro do subtexto presente em qualquer ato de fala, deixando revelar tudo aquilo que se esconde no contexto da aparência enganosa da realidade.

Nesse pequeno fragmento que apresentamos, Ailton e Renato mostram ter seus pensamentos completamente absorvidos pela precariedade de suas condições de moradia e de vida na favela. O tema inicial da conversa se dissolve dando espaço para o surgimento das contradições de viver em uma sociedade *modernamente* instalada entre favelas e luxuosos *shoppings* (no caso específico, a referência que essas crianças fazem ao *shopping* Rio-Sul). O verbo *ter* torna-se, assim, muito mais significativo, a ponto de seu valor apreciativo suplantar, na fala dessas crianças, o verbo *aprender*.

A dialética da subordinação e do controle a que essas crianças estão submetidas revela como a hierarquia da estratificação social se repete no interior das classes populares, renovando a força da marginalização entre seus próprios pares. De fato, no diálogo que apresentamos, evidencia-se de forma surpreendente o modo como as crianças são capazes de assumir os mecanismos de modelização da ordem dominante.

Retomando as questões colocadas por Bakhtin anteriormente, podemos situar a compreensão desses diálogos em uma dimensão ainda maior e mais complexa. Para esse autor, ser significa ser para o outro e, por meio do outro, para si próprio. O território interno de cada um não é soberano; é com o olhar do outro que nos comunicamos com nosso próprio interior. Tudo que diz respeito a mim, assegura Bakhtin, chega à minha consciência por meio da palavra dos outros, com sua entoação valorativa e emocional. Do mesmo modo que o corpo da criança, inicialmente, forma-se no interior do corpo da mãe, a consciência do homem desperta a si própria envolvida na consciência alheia. (Bakhtin, 1985)

Ao retornar para si o olhar e as palavras impregnadas de sentidos que o outro lhe transmite, a criança acaba por construir sua subjetividade a partir dos conteúdos sociais e afetivos que esse olhar e essas palavras lhe revelam. Com Bakhtin podemos nos acercar das conversas infantis, percebendo quanto importa o sentido do olhar e das palavras que dirigimos às crianças. Mas o sentido da realidade não se esgota nas interações entre olhares e palavras que ocorrem entre as pessoas, também está presente nos objetos inventados pelo homem e que existem ao nosso redor. O campo semântico da realidade, embora criado a partir da linguagem, não se esgota nas interações estritamente verbais entre os homens, mas se expande e se renova nas interações dos homens com o mundo dos objetos criados por eles. Esse é o nosso próximo tema.

O contexto semântico do mundo dos objetos

Pasolini (1990), cineasta, artesão da imagem e, por isso mesmo, capaz de perceber o poder sutil da lente de uma câmera em realizar o desvelamento da face oculta da realidade, oferece-nos uma análise semiótico-ideológica dos objetos criados pelo homem no mundo moderno, que se identifica profundamente com a concepção de linguagem que Bakhtin desenvolve. Ao se observar atentamente a realidade, diz ele, é possível ler e decifrar nos próprios objetos, coisas, paisagens, gestos, atos, palavras e imagens, os códigos da cultura. A questão consiste em fazer falar o mundo das coisas que age sobre a pessoa; em poder descobrir o contexto semântico que existe nos objetos. Para atuar sobre as pessoas, as coisas devem revelar seu potencial de sentido, quer dizer, devem iniciar-se em um contexto verbal e semântico possível. Com base nessa ideia, Pasolini nos proporciona um texto que ilustra, com grande propriedade e beleza, como se dá a leitura da realidade por meio da linguagem das coisas e dos comportamentos. O texto a seguir, embora longo, merece uma atenção especial pelo caráter elucidativo que proporciona a este tema.

> As primeiras lembranças da vida são lembranças visuais. A vida, na lembrança, torna-se um filme mudo. Todos nós temos na mente a imagem que é a primeira, ou uma das primeiras, da nossa vida. Essa imagem é um signo, e, para sermos exatos, um signo lingüístico. Portanto, se é um signo lingüístico, comunica ou expressa alguma coisa.
> A primeira imagem da minha vida é uma cortina, branca, transparente, que pende — imóvel, creio — de uma janela que dá para um beco bastante triste e escuro. Essa cortina me aterroriza e me angustia: não como alguma coisa ameaçadora ou desagradável, mas como algo cósmico. Naquela cortina se resume e toma corpo todo o espírito da casa em que nasci. Era uma casa burguesa em Bolonha.
> O que aquela cortina me disse e me ensinou não admitia (e não admite) réplicas. Não era possível nem admissível nenhum diálogo, nenhum ato educativo. Eis porque acreditei que o mundo todo fosse o mundo que aquela cortina me tinha ensinado: ou seja, que o mundo fosse bem-educado, idealista, triste e cético, um tanto vulgar: pequeno-burguês, em suma...
> É verdade que logo compreendi que além do meu mundo, pequeno-burguês, tão cosmicamente absoluto, existiam ou-

tros mundos. Mas durante muito tempo, sempre me pareceu que o único mundo verdadeiro, válido, demonstrado pelos objetos, pela realidade física, era o meu; enquanto os outros me pareciam estranhos, diversos, anômalos, inquietantes e desprovidos de verdade. A educação que um menino recebe dos objetos, das coisas, da realidade física, em outras palavras, dos fenômenos materiais de sua condição social, torna-o corporalmente aquilo que é e será por toda a vida. O que é educada é a sua carne, como forma de seu espírito. (Pasolini, 1990, pp. 125-127)

Às imagens que Pasolini apresenta de sua própria infância, acrescentamos as histórias que Antonio (nove anos), Rogéria (oito anos) e Paulo César (oito anos) revelam do seu cotidiano, buscando com isso ilustrar com as palavras das próprias crianças uma compreensão mais contextualizada ao nosso meio social sobre o modo como a consciência do mundo vai sendo forjada pelos elementos físicos que constituem a condição social de cada um.

> Vala. Eu fiz um morro, uma igreja, uma casa, um gato, uma vala e um jardim. A casa é do meu pai e da minha mãe. O gatinho é meu. Ele está brincando comigo. O jardim fica perto da minha casa. Na vala tem lixo, garrafa, papel e coisa suja.
> Os garotos fazem barcos de papel e jogam na lama.
> Quando chove demais passa água na minha casa. (Antonio, nove anos)
> Água. Era uma vez uma moça que foi para a bica lavar roupa. A moça chamou a menina para apanhar água. Elas pegam esta água para beber, para fazer comida, para fazer café, para lavar roupa em casa, para tomar banho e para colocar na geladeira para ficar gelada para beber. A moça e a menina pegam dez viagens. Elas ficam muito cansadas.
> A moça lava roupa na bica para não gastar a água que ela leva.
> Depois de tanto trabalhar ela ainda vai para casa fazer comida. A menina vai tomar banho e depois jantar. Depois a garota vai dormir. De manhã ela toma café e vai brincar um pouco. Depois que ela brinca, começa a pegar água de novo. (Rogéria, oito anos)
> Casa. Esta casa aqui é da mamãe e do papai. Eles brigam todo dia e nem dão comida para nós. Os nossos irmãos todinhos com fome. Eles não dão dinheiro para comprar café, leite e açúcar.

Tem um sol lindo e bonito e nós vamos à praia. Lá na praia tinha um arco-íris.
Na minha casa tem um pé de jaca. A gente todo dia come jaca.
Meus irmãos todinhos sobem lá na laje e soltam pipa. Na minha casa tem um cachorro. E acabou. (Paulo César, oito anos)[11]

Nesses pequenos fragmentos está presente toda uma dimensão de vida, que se explicita na simplicidade do cotidiano. Tanto Pasolini como Benjamin sabem resgatar a verdade profunda que essas imagens revelam.

Em primeiro lugar a pedagogia proletária não parte de duas datas abstratas, mas de uma concreta. A criança proletária nasce dentro de sua classe. Mais exatamente, dentro da prole de sua classe, e não no seio da família. Desde o início ela é um elemento dessa prole, e aquilo que ela deve tornar-se não é determinado por nenhuma meta educacional doutrinária, mas sim pela situação da classe. Esta situação penetra-a desde o primeiro instante, já no ventre materno, com a própria vida, e o contato com ela está inteiramente direcionado no sentido de aguçar desde cedo, na escola da necessidade e do sofrimento, sua consciência. Esta transforma-se, então, em consciência de classe. Pois a família proletária não é para a criança melhor proteção contra uma compreensão cortante do social do que seu puído casaco de verão contra o cortante vento invernal. (Benjamin, 1984b, pp. 89-90)

Ora, se por um lado Bakhtin nos chama atenção para o caráter ideológico de qualquer enunciado verbal, por outro, Pasolini e Benjamin propõem que o conteúdo ideológico da realidade se expressa nos próprios objetos, coisas, palavras, gestos e que tudo isso se constitui em signos de uma situação histórica e cultural precisa. Esses autores sugerem que em todo signo ideológico confrontam-se índices de valor contraditórios e que, portanto, a plurivalência do signo ideológico é seu traço fundamental. É exatamente o entrecruzamento dos índices de valor do signo que o torna vivo, móvel e capaz de evoluir.

---

11. Fragmentos retirados do livro *Picolé, picolé água pura ninguém quer... Estórias da Rocinha,* Rio de Janeiro, Salamandra, 1983.

Porém o que torna o signo ideológico vivo e dinâmico pode também ser transformado em instrumento de refração e deformação do ser. Para esses autores, o signo é visto como espaço no qual se desenvolve a luta de classes. Entretanto, ressaltam que a classe dominante exerce o papel de ocultar a luta dos índices sociais de valor dos signos, tornando o signo monovalente, ou seja, imprimindo e privilegiando um sentido único para os gestos, as coisas, os atos, as palavras.

A plurivalência social, inerente ao signo linguístico, é abafada por uma tendência a dar um sentido monovalente tanto ao discurso verbal quanto à leitura da realidade que se expressa na linguagem das coisas. Afirmar o conteúdo monovalente dos signos é eliminar as contradições sociais pela imposição de um só sentido para a realidade, aquele mais adequado aos interesses e às necessidades da classe dominante. Não havendo contradição, não há evolução, não há movimento nem possibilidade de superação do processo de alienação imposto pelas regras do consumo na sociedade de classes.

Reafirmando o caráter ideológico dos fenômenos inconscientes e partindo para uma compreensão mais abrangente do signo linguístico, Bakhtin, Pasolini e Benjamin recuperam os acontecimentos histórico-sociais como aspectos fundamentais na constituição do sujeito e da cultura. Assim, questionando as tendências que limitam a psicanálise a uma abordagem individualizada e subjetivista da realidade humana e social, é possível recuperar suas contribuições mais fecundas para o campo epistemológico.

A psicanálise recupera o valor da palavra ambígua, da palavra que, ao mesmo tempo, revela e oculta a verdade como uma construção teórica imprescindível para a teoria do conhecimento. Contudo, para que a psicanálise assegure a permanência de seu valor crítico no confronto com a realidade, é preciso também que ela opere um total redimensionamento conceitual de uma de suas noções mais fundamentais — o inconsciente, incorporando à sua prática uma dimensão mais abrangente do que constitui o inconsciente do homem contemporâneo.

Ampliando a noção de inconsciente

O inconsciente moderno, constantemente manipulado por *especialistas* de todo tipo e bombardeado pelos meios de comunicação, sofre mutações não previstas pelo modelo freudiano. Ao inconsciente psicanalítico, programado como um destino e centrado nas relações familiares triangulares ou nos objetos tipificados e codificados no interior de um sistema fechado, Guattari (1987) opõe um inconsciente que se oferece como território aberto a todos os possíveis, permeável de todos os lados às interações sociais e econômicas, diretamente ligado ao movimento da história.

> Vejo o inconsciente antes como algo que se derramaria um pouco em toda a parte em nosso redor, bem como nos gestos, nos objetos quotidianos, na tevê, no clima do tempo e mesmo, e talvez principalmente, nos grandes problemas do momento. (Penso, por exemplo, na questão da "escolha da sociedade" que vem invariavelmente à tona em cada campanha eleitoral). Logo, um inconsciente trabalhando tanto no interior dos indivíduos, na sua maneira de perceber o mundo, de viver seus corpos, seu território, seu sexo, quanto no interior do casal, da família, da escola, do bairro, das usinas, dos estádios, das universidades (...) Dito de outro modo, não um inconsciente dos especialistas do inconsciente, não um inconsciente cristalizado no passado, petrificado num discurso institucionalizado, mas ao contrário, voltado para o futuro, um inconsciente cuja trama não seria senão o próprio possível, o possível à flor da linguagem, mas também o possível à flor da pele, à flor do *socius*, à flor do cosmos... Por que colar-lhe esta etiqueta de "inconsciente maquínico"? Simplesmente para sublinhar que está povoado não somente de imagens e de palavras, mas também de todas as espécies de maquinismos que o conduzem a produzir e reproduzir estas imagens e palavras. (Guattari, 1988, pp. 9-10)

Essa nova concepção de inconsciente não se encontra essencialmente centrada na subjetividade humana, mas participa dos mais diversos fluxos de signos, fluxos sociais e fluxos materiais, que precedem o sujeito e estão presentes no movimento da história. As problemáticas inseridas nessa nova concepção de inconsciente não dependem exclusivamente do domínio da psicologia. Elas compreendem escolhas mais fundamentais que dizem respeito ao modo de viver num mundo regido por um sistema de relações sociais, políticas, econômicas e afetivas que tende a expropriar toda possibilidade das manifestações singulares, toda a vida que se expressa no desejo.

O inconsciente não é algo que se encontra unicamente em si próprio, uma espécie de universo secreto. É mais propriamente um nó de interações que se articula com as formações de poder que nos cercam. Portanto os processos inconscientes não podem ser analisados em termos de um conteúdo específico, ou em termos de uma sintaxe estrutural, mas, antes de mais nada, revelam que uma multidão de objetos heterogêneos, não necessariamente redutíveis a complexos universais, articula-se na constituição dos desejos.

É absolutamente essencial que no inconsciente se encontre de tudo. Essa condição, segundo Guattari, é indispensável para que ele possa dar conta de seu caráter heteróclito, ou seja, assujeitar-se à sociedade de consumo e, ao mesmo tempo, manifestar seu caráter criativo e sua infinita disponibilidade para romper com as significações dominantes e produzir singularidades subjetivas. O inconsciente pode voltar-se para o passado e retrair-se no imaginário, mas pode igualmente abrir-se para o aqui e agora, ter escolhas com relação ao futuro. (Guattari, 1986, 1987, 1988)

Esse novo modelo de inconsciente não se opõe termo a termo ao antigo modelo psicanalítico. De acordo com Guattari, não se trata de negar a existência de um inconsciente circunscrito em um espaço intrapsíquico fechado, no qual se acumulam materiais recalcados por ocasião das primeiras fases da vida psíquica. Na vida diária, a convicção de que algo é genuinamente meu porque parece ser gerado internamente incentiva sentimentos de culpa e de reparação que efetivamente movimentam a dinâmica das relações socioafetivas entre as pessoas. Ele ressalta, ainda — como também fez Bakhtin —, que essa fórmula de inconsciente privado, personológico, familialista e edipiano desempenhou um papel fundamental, uma vez que serviu para apoiar todo o sistema de culpabilização e de interiorização de regras e normas sociais que sustenta o funcionamento da sociedade (dentro de certo padrão de mitificação dos laços afetivos e emocionais), expropriando todo o conteúdo social, histórico, político e cultural das relações humanas. Ora, essa figura do inconsciente freudiano é extremamente limitada e não dá conta das múltiplas possibilidades de seu funcionamento. É urgente um novo tipo de análise do inconsciente que amplie sua dimensão no sentido de abarcar a multiplicidade de formas de organização do desejo no campo social.

Por trás da figura materna ou paterna existe também um certo tipo de condição feminina e masculina que contém a expressão de um inconsciente social e político. Tanto a família quanto a criança são permeáveis a todas as forças circundantes do campo social. Os meios de comunicação, a propaganda, os sistemas ideológicos constituídos não param de interferir nos níveis mais íntimos da subjetividade. Portanto, a análise do inconsciente deve contemplar os modos como essas influências interferem e modelam os sujeitos, atingindo sua subjetividade e afetando suas relações afetivas objetivadas no campo social. Nas palavras de André (cinco anos) e Rafaela (seis anos), essas questões se explicitam da seguinte maneira:

(Rafaela) — O Rafael foi pro banheiro junto com a Bia. Aí, sabe o que aconteceu? O Vinícius foi lá e viu que o Rafael beijou a boca da Bia. Aí, a Fernanda ficou com ciúmes porque ela é namorada do Rafael.
(Adulto) — Você tem namorado?
(Rafaela) — A Bia tem, mas ele é enorme, é um adulto. Ela gosta dele mesmo. Ele é de lá do Japão, né André?
(Adulto) — Onde fica o Japão?
(Rafaela) — Onde é mesmo, André?
(André) — Atrás de um morro.
(Rafaela) — É longe daqui dessa terra.
(Adulto) — Quando é que a Bia se encontra com ele?
(Rafaela) — Ela fala muito nele. Só porque ela vê, ela beija ele na televisão na boca.
(Adulto) — E o seu namorado?
(Rafaela) — É igual ao da Bia, mas é diferente.
(André) — Eu sei quem é. O Jaspel do programa da Angélica.

O *príncipe encantado* dos contos de fadas foi substituído pelos super-heróis, que agora habitam as fantasias infantis estabelecendo regras e valores relativos às exigências sociais, culturais e econômicas do mundo moderno. As atividades e as brincadeiras cotidianas mostram a presença marcante da televisão determinando o conteúdo das conversas e modelando o imaginário da criança em uma dada direção. Como constatamos no diálogo transcrito anteriormente, a educação televisual injeta personagens, cenários, fantasias, atitudes e ideais, trabalha, enfim, a serviço de uma micropolítica das relações entre os homens e as mulheres, entre os adultos e as crianças e entre as crianças, ocupando um lugar de destaque e privilegiado na modelização das crianças aos códigos do sistema.

A televisão tomou o lugar de um certo tipo de relações que se estabeleciam antigamente no âmbito da família. Guattari (1987) afirma que toda linguagem que nela é produzida está a serviço de um certo tipo de formação, quer dizer, de iniciação às diferentes engrenagens da produção e do campo social. É nesse sentido que a subjetividade começa, desde cedo, a ser constituída segundo o sistema de representações e os valores do capitalismo. Esse processo de iniciação, continua Guattari, não está mais circunscrito a um período preciso da infância, nem está mais delegado exclusivamente ao espaço da educação formal e familiar, mas corre, hoje, em *tempo integral*, mobilizando o contexto da criança em todos os níveis e contando, principalmente, com os meios audiovisuais, que se constituem nos instrumentos mais eficazes e mais adaptados ao estilo de vida da criança em um mundo essencialmente dependente dos recursos da tecnologia moderna. Cada vez mais cedo, a criança deve estar apta a decifrar os códigos do poder, quer dizer, deve estar apta a decifrar o conjunto dos sistemas semióticos introduzidos pelas sociedades industriais.

Podemos, portanto, afirmar uma vez mais que as formações do inconsciente não são fixas, mas construídas, produzidas e inventadas a cada novo momento. Desse modo, a análise do inconsciente deve se dar em função de sua apreensão de um determinado tipo de semiotização que o sujeito realiza por meio da sua interação com o meio circundante. Isso significa que, do mesmo modo que podemos deparar com uma subjetividade predominantemente construída a partir da influência da mídia e, portanto, manifestando uma formação inconsciente do tipo capitalista, também é possível depararmos com processos de formação inconsciente que se opõem às significações dominantes, problematizando-as e recuperando aqueles tipos de semiotização que tendem a produzir singularidades subjetivas. A questão fundamental que se coloca para nós é saber como lutar para recusar a cristalização da criança em modelos de personalidade tipificados e estereotipados pelas semióticas dominantes no mundo capitalista.

Sabemos que a criança vive sua relação com o mundo e com os outros de um modo extremamente criativo. Contudo temos procurado mostrar, através dos diferentes diálogos que vão surgindo ao longo deste trabalho, quanto sua palavra vai sendo modelada a partir do sistema de valores que são hegemônicos em nossa sociedade. Entretanto é perfeitamente concebível que um outro tipo de sociedade se organize, preservando processos de singularidade na ordem do desejo, sem que isso implique uma violência generalizada e uma incapacidade da humanidade em gerenciar a vida. A luta pela polivocidade da expressão semiótica da criança se constitui, então, no objetivo essencial de uma educação voltada para se criar condições que permitam aos indivíduos adquirir meios de expressão relativamente autônomos e, portanto, relativamente não recuperáveis pelas tecnologias das diversas formações de poder (Guattari, 1987). Esse autor acrescenta ainda que é a hegemonia da subjetividade capitalista que tem fomentado devastações incríveis nos níveis social e ecológico no conjunto do planeta, o que constitui um fator de desordem considerável que poderá levar a humanidade a catástrofes definitivas.

A análise do inconsciente precisa renovar seus métodos, diversificar suas abordagens, enriquecer-se com outros campos de criação; ou, em outras palavras, encontrar caminhos de expressão que façam com que essa concepção, inegavelmente essencial, subsista, porém segundo modalidades que recuperem seu valor no âmbito de uma concepção crítica que exige uma complexidade maior de análise para dar conta das constantes e aceleradas transformações do mundo moderno.

A obra de Freud transita entre extremos. A ambivalência, os paradoxos, as tentativas de colocar junto o que é aparentemente incompatível fazem da psicanálise uma construção teórica sedutora que possibilita sua permanente renovação conceitual.

São inúmeros os horizontes abertos pela psicanálise. Dando continuidade ao diálogo fecundo que ela permite realizar com as principais questões da teoria do conhecimento, apresentamos, a seguir, uma análise dos temas benjaminianos e freudianos que convergem para uma compreensão mais abrangente da distinção entre conhecimento e verdade no âmbito das ciências humanas.

Conceitos freudianos e a temática benjaminiana

A análise dos temas freudianos na obra de Benjamin traz à tona aqueles conceitos psicanalíticos que revelam uma identidade com sua crítica epistemológica fundamental, ou seja, a distinção entre *conhecimento* e *verdade* na teoria do conhecimento.

O conhecimento, quando busca a universalidade, procura respostas definitivas e sistemáticas sobre o real; a *verdade*, na qualidade de ideia, é pura expressão traduzindo a essência do real. O conhecimento se concretiza a partir de uma lógica no interior de um sistema explicativo e, por ter uma preocupação fundamentalmente didática, é algo que pode ser ensinado. Em se tratando da *verdade*, é possível transmiti-la, mas não é possível ensiná-la. Aquilo que se transmite no conhecimento é da ordem da informação, mas a *verdade* se dá pelas vias da linguagem, não por comunicação de conteúdos, mas por expressão, ou seja, pela essência espiritual de uma singularidade.

Conjugando a arte com a revelação da verdade e optando por uma linguagem poética, Benjamin reivindica para a filosofia uma outra forma de expor a verdade. A arte procura revelar com eficácia as tendências fundamentais do homem e, nessa busca, ela conduz uma forma de revelação do real que se distingue profundamente do que chamamos conhecimento empírico do real. Colocando a linguagem no centro de suas reflexões críticas no âmbito da teoria do conhecimento, Benjamin afirma:

> Quanto mais claramente a matemática demonstra que a eliminação total do problema da representação reivindicado por qualquer sistema didático eficaz é o sinal do conhecimento genuíno, mais decisivamente ela renuncia àquela esfera de verdade visada pela linguagem. (W. Benjamin, 1984a, p. 49)

Essa também é a preocupação da psicanálise quando centra sua atenção na recuperação do valor da palavra ambígua, considerando este, um caminho promissor para o encontro e para o desvelamento da verdade que está oculta no sujeito. Por essa vertente vão se delineando as ressonâncias teóricas entre os conceitos freudianos e benjaminianos, como veremos a seguir.

Rouanet (1981), sem negar a dificuldade da construção de uma teoria sistemática das afinidades Benjamin-Freud, realiza um valioso ensaio que nos permite uma compreensão dos horizontes abertos pela psicanálise, mostrando como vários de seus conceitos, abordados por meio da ótica benjaminiana, conduzem-nos à construção de um itinerário teórico para uma crítica da cultura, "alheia a todos os esquematismos e atenta a todos os matizes de uma reflexão inovadora". Na obra de Rouanet (1981), *O Édipo e o anjo: Itinerários freudianos em Walter Benjamin*, encontramos uma análise abrangente das convergências e divergências benjaminianas e freudianas, a partir da qual vamos construir uma compreensão da distinção conhecimento-verdade, trazendo a psicanálise para um diálogo fecundo com a epistemologia das ciências humanas.

O sonho e o surrealismo

A influência de Freud em Benjamin é, em parte, um reflexo da influência do surrealismo. O surrealismo procurou transpor para o campo da literatura muitos elementos oriundos da psicanálise. A proposta do surrealismo era conjugar sonho, arte e realidade e aplicar as categorias psicanalíticas à literatura ou às artes de modo geral. Se, para a psicanálise, o sonho é examinado como se fosse um texto, o surrealismo pretende que o texto possa ter a estrutura do sonho. Para os surrealistas, o sonho é como a transmissão de verdades inacessíveis em estado de vigília.

> Por que não conceder ao sonho o que por vezes recuso à realidade, ou seja, esse valor de certeza intrínseca? Por que não esperar dos indícios do sonho mais do que espero de um grau de consciência cada vez mais elevada? Não pode o sonho ser aplicado à resolução das questões fundamentais da vida? (A. Breton, *in* Rouanet, 1981, p. 87)

O valor do sonho em Benjamin está na própria possibilidade de estabelecer o caos por meio da descontextualização do espaço e do tempo. Diferentemente da interpretação psicanalítica, em Benjamin o sonho não possui uma dimensão superficial e outra profunda. Tudo se passa como se não houvesse um desejo por trás das coisas ou fora das coisas; o próprio real é o sujeito do sonho e não o indivíduo. Se em Freud o aparelho psíquico vai em busca dos restos diurnos para que o inconsciente possa se manifestar, em Benjamin são os fragmentos do mundo fenomênico e do mundo da história e da cultura que parasitam o inconsciente, e assim, por meio do sonho, as coisas encontram sua voz e sua expressão. Nessa perspectiva, o sonho, tanto na concepção benjaminiana como para os surrealistas, é uma manifestação de poderes que utiliza o indivíduo como meio para comunicação de verdades transindividuais e culturais. Em outros termos, nessa concepção de sonho podemos encontrar profundas analogias com a crítica de Bakhtin ao inconsciente freudiano, pois, também para Benjamin, os elementos da cultura estão presentes no sonho como parte constitutiva do seu conteúdo inconsciente.

> Vestíbulo. Visita à casa de Goethe. Não consigo lembrar-me de ter visto aposentos no sonho. Era uma enfiada de corredores caiados como em uma escola. Duas visitantes inglesas mais velhas e um zelador são os comparsas do sonho. O zelador nos concita a registrar-nos no livro de visitantes, que estava aberto, na extremidade de um corredor, sobre uma escrivaninha de janela. Quando me aproximo, encontro, ao folhear, meu nome já consignado, com grande, indócil caligrafia infantil. (Benjamin, 1987b, p. 13)

Nesse fragmento, Benjamin mostra por que o sonho pode se configurar num modo concreto de pensar o tempo contra a corrente, quer dizer, permitir que seja possível supor que tudo o que vem *depois* possa modificar o que era *antes*, ou então que um acontecimento real ou imaginário inscrito no passado possa transformar o estado de coisas atual. Essa dimensão multifacetada e plural do imaginário, presente na realização simbólica do homem, precisa de um referencial teórico e metodológico que torne possível pensar e interpretar esse lado *mágico* da realidade humana.

Enquanto a psicanálise busca eliminar o caráter caótico do conteúdo manifesto reconduzindo o sonho à coerência do texto latente, Benjamin irá valorizar no sonho exatamente o seu potencial anárquico, por ser este capaz de suscitar uma inteligibilidade que se exprime numa outra visibilidade do real, visibilidade esta possível de se manifestar porque tem por base uma dimensão anticonvencional e não linear do tempo e do espaço.

Quando a lógica da interpretação psicanalítica persegue o sentido do desejo e o aprisiona num texto único, o sonho se banaliza.

A interpretação monológica ou univalente desvaloriza o essencial do sonho, ou seja, sua faculdade de subverter a ordem e desarticular conexões. É exatamente isso que possibilita a pluralidade de sentidos que enriquece o acesso, sempre provisório, à verdade. O texto único e supostamente inteligível se torna tão coerente quanto a ordem instituída pelos dominadores. Desfeita a ordem instituída, abre-se uma outra possibilidade de visibilidade do real, pois este adquire novos contornos que facilitam o acesso ao seu caráter pluridimensional.

Tomando por princípio que a interpretação de um sonho é infinita e que a lógica do sonho é algo capaz de recuperar as coisas, os acontecimentos e a história, Benjamin o percebe como instrumento que pode ser posto a serviço da crítica à cultura. No sonho o indivíduo se comunica com seu próprio passado, que se cruza em mais de um ponto com a tradição coletiva. Por isso ele é capaz de recuperar momentos arcaicos significativos e totalmente relevantes para o presente. Por ser um instrumento de articulação e desarticulação da história, o sonho — imagem dialética do real — sugere uma forma de nos aproximarmos da realidade social a partir de uma dimensão crítica, que nos conduz ao resgate do *novo no sempre igual*. Mas tudo que se diz ou se escreve com a intenção de esclarecer as ideias de Benjamin melhor se exprime quando nos aproximamos de seus próprios fragmentos que são sonhos em forma de texto, sendo ao mesmo tempo textos em forma de sonho.

> Ainda uma vez. No sonho estava no internato rural em Haubinda, onde cresci. O prédio da escola estava às minhas costas, e caminhava na floresta solitária em direção de Streufdorf. Mas agora já não era o lugar em que a floresta se interrompe frente à planície, onde a paisagem — vilarejo e cume do Straufhaim — surgia, mas, quando subi um monte por uma ladeira suave, no outro lado ele caía quase verticalmente, e, da altura, que diminuía com a descida, vi a paisagem através de uma oval de copas de árvore como uma antiga moldura, negra como o ébano. Em nada se parecia com a que imaginara. Às margens de um rio grande e azul estava situada Schleusingen, que, aliás, fica muito longe, e não sabia responder: seria Schleusingen ou Gleicherwiesen? Tudo parecia como que banhado numa umidade cromática, e, entretanto, predominava uma cor preta pesada e úmida como se a imagem fosse o campo, que mal acabara de ser arado de novo no sonho, dolorosamente, campo este no

qual foram então semeadas as sementes de minha vida futura. (W. Benjamin, 1987a, p. 274)

Enquanto o sonho em Freud aponta incansavelmente para o passado e não pode fornecer modelos para o futuro, em Benjamin, ao contrário, o sonho é o paradigma que nos orienta para um despertar futuro. O reviver noturno da origem inclui a construção antecipatória do novo e, por isso, diz Benjamin, "cada época sonha não somente a seguinte, mas ao sonhá-la a força a despertar".

Os indivíduos se apropriam dos elementos da cultura, transformam-nos em material da atividade onírica, devolvendo-os novamente à cultura sob a forma de desejos objetivados. Para Benjamin, os sonhos individuais e coletivos se completam, citam-se, como se uma corrente única circulasse entre ambos, criando um sistema de interação. (Rouanet, 1981)

O que está implícito na abordagem que Benjamin confere ao sonho é um modo original e fecundo de se manter fiel à sua concepção de história. Para ele, não há lugar para o verdadeiro novo numa perspectiva que concebe a história como continuidade de acontecimentos que se sucedem numa sequência linear. Isso porque, inevitavelmente, nessa abordagem, todos os acontecimentos exprimem sempre o mesmo conteúdo — a vitória dos dominadores. Somente a história dialética, bem como a imagem dialética do sonho, pode se apropriar do novo. Somente buscando salvar o novo aprisionado em cada passado e fazendo-o reviver com o *agora*, é possível realizar uma reconstrução do futuro numa perspectiva revolucionária. Criticando a concepção limitada de história veiculada pelo historicismo, Benjamin afirma:

> O historicismo se contenta em estabelecer um nexo causal entre vários momentos da história. Mas nenhum fato, meramente por ser causa, é só por isso um fato histórico. Ele se transforma em fato histórico postumamente, graças a acontecimentos que podem estar dele separados por milênios. O historiador consciente disso renuncia a desfiar entre os dedos os acontecimentos, como as contas de um rosário. Ele capta a configuração em que sua própria época entrou em contato com uma época anterior, perfeitamente determinada. Com isso, ele funda um conceito do presente como um "agora" no qual se infiltraram estilhaços do messiânico. (Benjamin, 1987a, p. 232)

A concepção do sonho proveniente da psicanálise e do surrealismo constitui-se, para Benjamin, num método capaz de fazer avançar o debate sobre o que é conhecimento no âmbito das ciências humanas, permitindo, assim, a construção de um referencial teórico que, rompendo com as formas de conhecimento tal como preconizadas pelas ciências exatas, possibilita uma discussão crítica e profunda do conceito de história e das questões da cultura nas sociedades modernas.

A essa discussão acrescentamos, a seguir, mais um conceito fundamental, proveniente do quadro teórico da psicanálise — *a atenção ao particular como forma de apreensão do real*. Esse conceito, embora já abordado brevemente quando nos referimos ao cineasta Pasolini, será retomado agora, mais detalhadamente, sob a ótica de Benjamin. Tanto Benjamin quanto Pasolini se revelam atentos aos aspectos fragmentários da realidade e mostram como pode se configurar um outro modo crítico de apreensão do real, delineado a partir do olhar atento às particularidades ou aos fragmentos do mundo físico e social. Esses fragmentos, de acordo com esses autores, expressam a face oculta da modernidade, permitindo uma visão crítica da realidade humana e social no mundo contemporâneo.

A atenção ao particular como forma de apreensão do real

Direcionando sua atenção para as particularidades dos fenômenos cotidianos, Benjamim pretende encontrar nessas particularidades um modo de se aproximar dos fenômenos universais e apreendê-los.

> A relação entre o trabalho microscópico e a grandeza do todo plástico e intelectual demonstra que o conteúdo de verdade só pode ser captado pela mais exata das imersões nos pormenores do conteúdo material. (W. Benjamin, 1984a, p. 51)

Esse seu método de apreensão do real encontra sua expressão mais original e fecunda na relação que Benjamin estabelece entre a psicanálise e o cinema. Fazendo uma analogia do olhar clínico do analista com o olhar cinematográfico, Benjamin (1980) ressalta que ambos constituem o protótipo de uma certa visibilidade. Analisando a psicanálise e o cinema, Benjamin encontra uma ressonância peculiar entre ambos.

> O que caracteriza o cinema não é apenas o modo pelo qual o homem se apresenta ao aparelho, é também a maneira pela qual, graças a esse aparelho, ele representa para si o mundo que o rodeia. Um exame da psicologia da performance mostrou-nos que o aparelho pode desempenhar um papel de teste. Um olhar sobre a psicanálise nos fornecerá um outro exemplo. De fato, o cinema enriqueceu a nossa atenção através de métodos que vêm esclarecer a análise freudiana. Há 50 anos, não se prestava quase atenção a um lapso ocorrido no desenrolar de uma conversa. A capacidade desse lapso de, num só lance, abrir perspectivas profundas sobre uma conversa que parecia decorrer de modo mais normal, era encarada, talvez, como uma simples anomalia. Porém, depois de *Psychopathologie des allagslebens* (*Psicopatologia da vida cotidiana*), as coisas mudaram muito. Ao mesmo tempo que as isolava, o método de Freud facultava a análise de realidades até então, inadvertidamente, perdidas no vasto fluxo das coisas percebidas. Alargando o mundo dos objetos dos quais tomamos conhecimento, tanto no sentido visual como no auditivo, o cinema acarretou, em conseqüência, um aprofundamento da percepção. (W. Benjamin, 1980, p. 22)

O olhar do analista e o da câmera são totalmente atentos aos objetos. Se, por um lado, ambos percebem, em sua facticidade, o mundo sensível, por outro, sabem que a realidade não se esgota naquilo que é imediatamente oferecido ao olhar. Nessa relação fica evidenciada a capacidade de os fenômenos particulares revelarem uma forma de compreensão dos fenômenos universais. De acordo com Benjamin, o objeto como fragmento do real se caracteriza como mônada,[12] por meio do qual se abre uma perspectiva para o mundo.

Aproximando essas ideias de Benjamin, sobre a relação cinema e psicanálise, da percepção sensível que as lentes da câmera nos revelam, Pasolini, ao comparar o cineasta com o literato, permite

---

12. Termo utilizado para designar os elementos simples de que o universo é composto. Aqui este termo refere-se ao modo como a verdade é apreendida no reino das ideias, permitindo que um fragmento da realidade seja a expressão do particular no âmbito do universal.

um esclarecimento ainda maior da questão dos objetos como signos linguísticos capazes de expressar outra dimensão da realidade.

> Nada como fazer um filme obriga a olhar as coisas. O olhar de um literato sobre uma paisagem, campestre ou urbana, pode excluir uma infinidade de coisas, recortando do conjunto só as que o emocionam ou lhe servem. O olhar de um cineasta — sobre a mesma paisagem — não pode deixar, pelo contrário, de tomar consciência de todos as coisas que ali se encontram, quase enumerando-as. De fato, enquanto para o literato as coisas estão destinadas a se tornar palavras, isto é, símbolos, na expressão de um cineasta as coisas continuam sendo coisas: os "signos" do sistema verbal são, portanto, simbólicos e convencionais, ao passo que os "signos" do sistema cinematográfico são efetivamente as próprias coisas, na sua materialidade e na sua realidade. É verdade que essas coisas se tornam "signos", mas são "signos", por assim dizer, vivos, de si próprias. (Pasolini, 1990, p. 128)

Tanto Benjamin quanto Pasolini percebem o quanto a imagem é capaz de exercitar no homem um outro modo de olhar e prestar atenção ao mundo que o rodeia. Comparando a obra de um pintor com a obra do cinegrafista, Benjamin adverte:

> O pintor observa em seu trabalho uma distância natural entre a realidade dada e ele próprio, ao passo que o cinegrafista penetra profundamente as vísceras dessa realidade. As imagens que cada um produz são, por isso, essencialmente diferentes. A imagem do pintor é total, a do operador é composta de inúmeros fragmentos, que se recompõem segundo novas leis. Assim, a descrição cinematográfica da realidade é para o homem moderno infinitamente mais significativa que a pictórica, porque ela lhe oferece o que temos o direito de exigir da arte: um aspecto da realidade livre de qualquer manipulação pelos aparelhos, precisamente graças ao procedimento de penetrar, com os aparelhos, no âmago da realidade. (W. Benjamin, 1987, p. 187)

Esse interesse marcado e intenso pelo mundo das coisas, presente tanto em Benjamin quanto em Pasolini, é o paradigma que orienta as reflexões desses autores na direção de uma crítica da cultura no mundo moderno. Pasolini (1990) mostra como se utiliza da câmera para retirar os objetos do mundo em que permanecem mudos; a câmera, ao captar as dimensões que transcendem os objetos, devolve a eles o poder de expressar seu lado invisível, exatamente aquele que nos permite ir ao encontro de uma outra forma de penetração na realidade do mundo atual. Essas mesmas questões são retomadas por Benjamin trazendo à tona a experiência do inconsciente visual:

> Fica bem claro, em conseqüência, que a natureza que fala à câmera é completamente diversa da que fala aos olhos, mormente porque ela substitui o espaço onde o homem age conscientemente por um outro onde sua ação é inconsciente. Se é banal analisar, pelo menos globalmente, a maneira de andar dos homens, nada se sabe com certeza de seu estar durante a fração de segundo em que estica o passo. Conhecemos em bruto o gesto que fazemos para apanhar um fuzil ou uma colher, mas ignoramos quase todo o jogo que se desenrola realmente entre a mão e o metal, e com mais forte razão ainda devido às alterações introduzidas nesses gestos pelas flutuações de nossos diversos estados de espírito. É nesse terreno que penetra a câmera, com todos os seus recursos auxiliares de imergir e de emergir, seus cortes e seus isolamentos, suas extensões do campo e suas acelerações, seus engrandecimentos e suas reduções. Ela nos abre, pela primeira vez, a experiência do inconsciente visual, assim como a psicanálise nos abre a experiência do inconsciente instintivo. (W. Benjamin, 1980, p. 23)

Pasolini (1990), relatando a experiência de uma viagem ao Iêmen, ilustra e confirma a atitude revolucionária que a percepção cinematográfica proporciona, explicitando por meio da sua sensibilidade de cineasta a dimensão do inconsciente visual de Benjamin.

> Enquanto cineasta, ao contrário, vi no meio de tudo isso a presença "expressiva", horrível, da modernidade: uma praga de postes de luz plantados caoticamente; casebres de cimento e latão construídos com insensatez ali onde antes ficavam os muros da cidade; edifícios públicos num estilo árabe novecentesco pavoroso etc. E, naturalmente, meus olhos tiveram que se fixar em outras coisas, menores ou até mesmo ínfimas: objetos de plástico, caixotes, sapatos, artefatos de algodão miseráveis, peras em lata (procedentes da China), rádios portáteis. Vi, em suma, a coexistência de dois mundos semanticamente diversos, unidos em um só e babélico sistema expressivo. (Pasolini, 1990, p. 129)

Pasolini e Benjamin apresentam a versão política do olhar sobre os objetos, olhar que expulsa os objetos de sua contextualidade cotidiana, tornando visível sua essência de ruína. A realidade se expressa na linguagem das coisas e estas podem ser tomadas e observadas a partir de uma outra dimensão, dimensão esta que possibilita uma avaliação mais crítica e fecunda das consequências desastrosas do *fascismo do consumo* na vida do homem contemporâneo.

A imagem e sua dimensão pedagógica

Recentemente, Rossellini (1992), abordando a questão do poder da imagem e as perspectivas que ela abre sobre a humanidade, revela a pertinência e a atualidade das ideias de Benjamin. Discutindo a complexidade da relação educação e cultura no mundo contemporâneo, Rossellini encontra na imagem uma possibilidade de confronto com a barbárie dos efeitos da mídia.

A educação a que me refiro não consiste em demonstrar, mas em mostrar. Hoje em dia, a técnica oferece meios de pôr na imagem o máximo de dados e de fazê-la tender para a objetividade absoluta. Podemos, por exemplo, no mesmo plano, na mesma continuidade, utilizar todos os modelos, do menor ao maior, do mícron ao infinito. Na verdade, graças à câmera moderna, o olho humano está equipado com um olhar que permite, pela primeira vez na história do mundo, ultrapassar sua própria finitude para alcançar a realidade sob todos os aspectos. É um progresso tão fabuloso que deveriam vibrar de alegria os quatro cantos do universo. (R. Rossellini, 1992, p. 6)

Mais adiante, Rossellini fala de sua utopia ou de seu sonho maior.

Meu sonho é que se fizesse jorrar, sobre todos os assuntos ligados ao homem, e à sua história, uma fonte de imagens onde aqueles que têm sede pudessem saciá-la rapidamente. Utopia? Não. Uma vida não bastaria para apenas virar as páginas dos livros que foram escritos sobre cada assunto. Em contrapartida, dispomos de técnicas extraordinárias para condensar através da imagem tudo o que foi pensado, refutado, demonstrado, desde que o homem existe, e para pôr tudo isto à disposição de todos, da maneira mais facilmente assimilável. (R. Rossellini, 1992, p. 26)

Rossellini, ao mesmo tempo que ressalta o poder extraordinário da imagem, não esconde sua perplexidade diante do ceticismo e do mau uso que o homem contemporâneo se contenta em dar a essa sua criação surpreendente. As sociedades, diz ele, sejam elas baseadas no modelo europeu, soviético, americano ou chinês, tornaram-se tão neuróticas que não se permitem o acesso ao real.

A indignação de Rossellini em nada difere das inquietações de Benjamin: constatando a perversidade extraordinária do homem contemporâneo e seu estranho masoquismo, revela que, este, embora estivesse há séculos buscando a representação do mundo, despreza essa conquista quando ela se torna possível. Temos a imagem, diz Rossellini, mas os meios de comunicação, que em princípio deveriam dissipar a escuridão, nada mais fazem do que difundir a ignorância à força de simplificações redutoras e de esquemas preparados de antemão. A mídia, longe de desenvolver o conhecimento, implanta um estado de não relação entre o público e a realidade, funciona como um verdadeiro simulacro, deixando a ilusão — o que é ainda pior — de que o público participa dos problemas da sociedade. Sabemos, no entanto, que essa participação não ultrapassa os efeitos que um discurso maniqueísta e de intenções vagamente sociológicas proporciona às massas que, afinal, permanecem confusas e dispersas num oceano de informações desconexas, numa sociedade em que predominam o espetáculo e a dispersão.

A denúncia de Pasolini é mais radical. Para ele, a revolução dos meios de comunicação foi decisiva na facilitação da adesão da massa aos modelos impostos pelo poder centralizador, conferindo à televisão uma responsabilidade enorme pelo empobrecimento das faculdades intelectuais e morais da sociedade como um todo.

Os meios de informação, liderados principalmente pela televisão, diz Pasolini, organizaram um trabalho de padronização destruidora de qualquer autenticidade, assimilando e dissipando tudo o que fora historicamente diferenciado e rico em culturas originais. Isso porque o modelo da nova industrialização não se contenta apenas com o homem domesticado para o consumo, mas pretende tornar inconcebível qualquer outra ideologia que não seja a do consumo. Esse novo hedonismo, que Pasolini chama de "hedonismo de massa", tornou-se cegamente alheio a qualquer valor humanista.

Certamente não é à televisão como instrumento técnico, mas sim como instrumento de poder que impõe um processo de aculturação altamente destrutivo, que Pasolini irá dirigir toda sua crítica e sua indignação.

> Não há dúvida (os resultados o demonstram) de que a televisão é o meio de informação mais autoritário e repressivo do mundo. Comparados a ela, o jornal fascista e as inscrições de slogans mussolinistas nas fazendas são risíveis: como (dolorosamente) o arado comparado a um trator. O fascismo, insisto, no fundo não foi capaz nem de arranhar a alma do povo italiano: o novo fascismo, através dos novos meios de comunicação e de informação (especialmente, da televisão) não só a arranhou, mas a dilacerou, violentou, contaminou para sempre... (Pasolini, 1990, p. 90)

Ao lado das consequências trágicas da imagem televisiva na modelização da consciência do homem, Pasolini quer também salvar o poder da imagem numa perspectiva positiva, pois também para ele a imagem representa uma das conquistas mais revolucionárias da invenção do homem.

> O cinema como língua escrita da realidade tem provavelmente (e isto aparecerá melhor nos próximos anos) a mesma importância revolucionária que a invenção da "escrita". Esta revelou ao homem o que é a sua língua oral, antes de tudo. Foi certamente o primeiro salto para frente da nova consciência cultural do homem nascida da invenção do alfabeto: a consciência da língua oral, ou da língua simplesmente.
> A linguagem da realidade, enquanto ela foi natural, se encontrava fora de nossa consciência: presentemente que ela nos aparece "escrita", através do cinema, ela não pode deixar de exigir uma consciência. A linguagem escrita da realidade nos ensinará, antes de tudo, o que é a linguagem da realidade; ela terminará mesmo por modificar a idéia que temos dela, transformando nossas relações físicas com a realidade em relações culturais. (Pasolini, 1983, p. 145)

Essas palavras de Pasolini revelam uma surpreendente afinidade com o pensamento de Benjamin, mostrando, principalmente, a atualidade de suas concepções teóricas para abordarmos as complexas questões da imagem e a constituição de uma nova linguagem adequada às exigências do mundo moderno.

A euforia iconoclasta que os ensaios de Benjamin transmitem deixa, na verdade, transparecer uma permanente tensão entre os efeitos positivos e negativos da técnica e do progresso no mundo atual. É com base nisso que podemos deparar com uma recusa obstinada do mito de que o desenvolvimento técnico trará, por si mesmo, uma melhora da condição social e da liberdade dos homens. Mesmo tendo vivido em diferentes momentos deste nosso século, tanto Benjamin quanto Pasolini e Rossellini demostraram, usando estilos e linguagens diferentes, estar profundamente convencidos de que sem a interrupção revolucionária do progresso técnico tal como se dá no capitalismo, a existência própria da humanidade corre perigo. Possuidores de uma paixão pragmática, infantil e religiosa pelo real, esses autores se dedicaram a realizar uma denúncia obstinada ao retrocesso simultâneo que o *progresso* pode acarretar para a qualidade de vida do homem contemporâneo.

Infância e psicanálise na apreensão da realidade

Benjamin atribui tanto aos surrealistas como à criança a capacidade de descobrir nos objetos a via para uma outra compreensão da realidade e para um novo olhar crítico dirigido às coisas do mundo. Na brincadeira, a criança transforma os objetos em outros. Seu olhar, igual à lente de uma câmera, penetra os objetos e descobre neles a vida que emana do mundo morto das coisas.

Os fragmentos que compõem os escritos de Benjamin sobre a infância desembocam numa visão precisa e sensível do cotidiano. Neles, a identidade do narrador é um aspecto secundário diante do mundo predominantemente encoberto por objetos e imagens que se destacam. Suas preferências se manifestam por lugares, objetos e situações decorrentes, revelando, assim, um estilo que enfatiza principalmente a relação da pessoa com suas lembranças. Em armários, escrivaninhas, corredores, ruas, parques ou numa tarde de inverno, a criança constitui, apesar dos adultos, um mundo com uma significação própria. Nesses lugares — verdadeiros esconderijos — a criança constrói uma outra significação do cotidiano. Procura aqueles cantos pouco frequentados pois, por serem exatamente pouco frequentados, permitem uma significação que se distingue das convenções normalmente assumidas pelos adultos.

Criança escondida. Ela já conhece na casa todos os esconderijos e retorna para dentro deles como quem volta para uma casa onde se está seguro de encontrar tudo como antigamente. Bate-lhe o coração, ela segura a respiração. Aqui ela está encerrada no mundo da matéria. Ele se torna descomunalmente claro para ela, chega-lhe perto sem fala. Assim somente alguém que é enforcado toma consciência do que são corda e madeira. A criança que está atrás da cortina torna-se ela mesma algo ondulante e branco, um fantasma. A mesa de refeições sob a qual ela se acocorou a faz tornar-se ídolo de madeira do templo onde as pernas entalhadas são as quatro colunas. E atrás de uma porta ela própria é porta, está revestida dela como de pesada máscara e, como mago-sacerdote, enfeitiçará todos os que entram sem pressentir nada. A nenhum preço ela pode ser achada. Quando ela faz caretas dizem-lhe que basta o relógio bater e ela terá de permanecer assim. O que há de verdadeiro nisso ela sabe no esconderijo. Quem a descobre pode fazê-la enrijecer como ídolo debaixo de uma mesa, entretecê-la para sempre como fantasma no pano da cortina, encantá-la pela vida inteira dentro da pesada porta. Por isso, com um grito alto ela faz partir o demônio que a transformaria assim, para que ninguém a visse, quando quem a encontra a pega — aliás, nem espera esse momento, antecipa-o com um grito de autolibertação. Por isso ela não se cansa do combate com o demônio. A casa, para isso, é o arsenal das máscaras. Contudo, uma vez por ano, em lugares secretos, em suas órbitas oculares vazias, em sua boca rígida, há presentes. A experiência mágica se torna ciência. A criança, como seu engenheiro, desenfeitiça a sombria casa paterna à procura de ovos de Páscoa. (W. Benjamin, 1987b, pp. 39-40)

Nesse fragmento, Benjamin nos permite penetrar na magia da infância e descobrir com ela e por meio dela o mistério que emana do mundo dos objetos, pois são eles que alimentam a imaginação da criança, dando conteúdo e forma aos segredos que revela. A criança emprega suas mágicas usando metamorfoses múltiplas, só ela dispõe tão bem da capacidade de estabelecer semelhanças. Esse *dom* a separa dos adultos, cuja imaginação se encontra tão bem adaptada à realidade.

A proximidade da infância com a psicanálise fica evidente em vários fragmentos, mas podemos assegurar que ela se destaca especialmente quando Benjamin ressalta o modo como a criança constrói seu universo particular, dando outra significação ao cotidiano, incorporando às suas vivências uma mística que enfatiza sua sensibilidade pelo mundo dos objetos.

> Criança desordeira. Cada pedra que ela encontra, cada flor colhida e cada borboleta capturada já é para ela princípio de uma coleção, e tudo que ela possui, em geral, constitui para ela uma coleção única. Nela essa paixão mostra sua verdadeira face, o rigoroso olhar índio, que, nos antiquários, pesquisadores, bibliômanos, só continua ainda a arder turvado e maníaco. Mal entra na vida, ela é caçador. Caça os espíritos cujo rastro fareja nas coisas; entre espíritos e coisas ela gasta anos, nos quais seu campo de visão permanece livre de seres humanos. Para ela, tudo se passa como em sonhos: ela não conhece nada de permanente; tudo lhe acontece, pensa ela, vai-lhe de encontro, atropela-a. Seus anos de nômade são horas na floresta do sonho. De lá ela arrasta a presa para casa, para limpá-la, fixá-la, desenfeitiçá-la. Suas gavetas têm de tornar-se casa de armas e zoológico, museu criminal e cripta. "Arrumar" significaria aniquilar uma construção cheia de castanhas espinhosas que são maças medievais, papéis de estanho que são um tesouro de prata, cubos de madeira que são ataúdes, cactos que são totens e tostões de cobre que são escudos. No armário de roupas de casa da mãe, na biblioteca do pai, ali a criança já ajuda há muito tempo, quando no próprio distrito ainda é sempre o anfitrião inconstante, aguerrido. (W. Benjamin, 1987b, p. 39)

Também para a psicanálise, cada pessoa, cada coisa, cada relação pode significar qualquer outra. Cada objeto psíquico tem uma inscrição decifrável por uma hermenêutica que remete a outro objeto. Tanto para o psicanalista quanto para a criança, a coisa se transforma em algo diferente e, por assim dizer, revela um saber oculto.

Freud inovou exatamente porque se interessou pelo que era considerado desprezível: o sonho, o humor, o ato falho... A *teoria do ato falho* isola, e ao mesmo tempo torna analisáveis, coisas que antes flutuavam despercebidas, no vasto fluxo das percepções. Na dinâmica psicanalítica, o ato falho é transgressão de uma ordem e, ao mesmo tempo, uma vez que é significativo, obedece a uma ordem própria. No universo benjaminiano, também os objetos esvaziados do seu conteúdo próprio e liberados de suas conexões repressivas são capazes de revelar uma outra ordem significativa da realidade. Por uma fidelidade ao mundo das coisas e um protesto contra as conexões impostas pelo poder é que Benjamin sugere que a ordem estabelecida é tão transformável como o caleidoscópio manejado por uma criança. (Rouanet, 1981)

Essa fina atenção ao particular, ao que é fragmentário ou desprezível, quer seja na realidade psíquica ou no mundo físico, é o que aproxima Freud de Benjamin e Pasolini. É exatamente o caráter periférico, o lugar secundário que as coisas ocupam, tanto na vida psíquica quanto na vida diária, que constitui o critério de conquista da *verdade*. Quanto mais desprezível o particular, maior probabilidade de revelar uma compreensão dos fenômenos universais.

Nessa forma de apreensão do real, cujos critérios são tão familiares ao método de apreensão da verdade pela criança ou pela psicanálise, encontramos a crítica epistemológica fundamental da proposta benjaminiana. Benjamin coloca em cena a oscilação entre um mundo desprovido de sentido e a necessidade de construirmos um sentido, um mundo essencialmente fragmentário, mas que encontra sua totalidade por meio de uma compreensão dialética e essencial da relação do particular com o universal. Todas essas questões são discutidas a partir de uma obsessão profunda concernente ao papel e ao uso da linguagem e de uma intuição essencial quanto à sua natureza.

A psicanálise, em que pese toda a controvérsia que ela suscita no seu interior e também fora dele, apresenta determinados conceitos que, sem dúvida alguma, exigem uma revisão profunda do que é a linguagem. A compreensão da linguagem quando articulada com a dimensão do inconsciente, do sonho, da atenção ao particular e tomada a partir de sua característica dialógica fundamental deve, necessariamente, romper com os paradigmas positivistas ou cientificistas no interior das ciências humanas. Nessa vertente é que se delineia um modo de investigação que recupera a essencial originalidade com que devem ser tratadas as questões humanas e sociais. Esse é o caminho que vem sendo traçado por Bakhtin, Benjamin e Vygotsky, no qual nos deteremos no próximo capítulo, procurando, assim, integrar suas concepções sobre a linguagem por meio de uma compreensão articulada de seus principais conceitos.

A LINGUAGEM COMO DESVIO PARADIGMÁTICO

> *Chega mais perto e contempla as palavras.*
> *Cada uma tem mil faces secretas sob a face*
> *neutra e te pergunta, sem interesse pela res-*
> *posta, pobre ou terrível, que lhe deres:*
> *Trouxeste a chave?*
>
> Carlos Drummond de Andrade

Ressonâncias teóricas na concepção de linguagem em Bakhtin, Vygotsky e Benjamin

Neste capítulo vamos estabelecer um diálogo entre Bakhtin, Vygotsky e Benjamin sobre o que é a linguagem e o lugar que ela deve ocupar no âmbito das ciências humanas. Quando buscamos articular o pensamento desses autores sobre esse tema, a impressão primeira é de uma complementariedade fecunda. Essa complementariedade é, no entanto, marcada por diferentes caminhos na direção de um ponto essencial — a linguagem como espaço de recuperação do sujeito como ser histórico e social.

Bakhtin irá mostrar que a linguagem só pode ser analisada, na sua devida complexidade, quando considerada como fenômeno socioideológico e apreendida dialogicamente no fluxo da história. Sua concepção de linguagem vai ser construída a partir de uma crítica radical às grandes correntes da linguística contemporânea, por considerar que essas teorias não trabalham a língua como fenômeno social.

A problemática que envolve intensamente a reflexão de Vygotsky é a elaboração de uma teoria sociopsicológica da relação pensamento e palavra como processo dinâmico, e a compreensão da linguagem como preenchendo funções específicas na constituição das funções psicológicas superiores e na construção da subjetividade.

Se, por um lado, Bakhtin constrói uma nova concepção de linguagem, rompendo com a linguística tradicional, por outro, Vygotsky elabora uma teoria da relação pensamento e palavra a partir de uma crítica radical às principais correntes e tendências da psicologia de sua época. Vygotsky admite que os métodos e princípios do materialismo histórico e dialético constituem a solução para os paradoxos científicos fundamentais que enfrentava a psicologia contemporânea. Nesse aspecto, tanto a abordagem de Vygotsky quanto a de Bakhtin se destacaram das correntes marxistas de sua época, pois esses autores, desde então, já questionavam as concepções dialéticas que se apoiavam na causalidade mecânica da história e das relações humanas, antecipando, com isso, a crítica aos desdobramentos positivistas reinantes no interior do pensamento marxista. Por esse motivo, suas obras foram vítimas do obscurantismo stalinista, o que dificultou sua divulgação durante um longo período, não só internamente, como também para o mundo ocidental.[13]

No que diz respeito à obra de Benjamin, este autor nos proporciona uma reflexão filosófica sobre o empobrecimento da experiência do homem no mundo moderno e suas repercussões no uso da linguagem. Abordando as questões da linguagem por meio de aspectos que poderiam ser considerados estranhos e singularmente anacrônicos, Benjamin se interroga sobre sua essência,

---

13. Para uma discussão da contextualização histórica e política da obra de Vygotsky e de Bakhtin, ver Freitas (1992).

recorrendo à teologia e à mística judaica. Seus textos sobre a linguagem, embora muitas vezes considerados extremamente herméticos, transmitem, no entanto, uma oposição constante a uma concepção de linguagem como puro instrumento ou veículo de informações e conhecimentos. Sua preocupação fundamental é resgatar a dimensão expressiva da linguagem, dimensão esta que vem se deteriorando progressivamente e perdendo seu espaço no mundo moderno. Além de tomar a linguagem como referência fundamental para a crítica da cultura e da modernidade, Benjamin também encaminha uma discussão epistemológica no âmbito da filosofia, colocando a linguagem no centro da discussão sobre a distinção entre conhecimento e verdade.

Quando reunimos esses três autores, encontramos, em todos eles, um interesse profundo em desvendar as implicações concretas e cotidianas da linguagem sobre a vida do homem e sobre a evolução da sociedade. Essa tendência marcante em suas obras os distingue das abordagens que, ao estabelecerem uma ruptura da linguagem com o mundo e com a vida, reduzem-na a um simples veículo da comunicação entre os homens. Certamente o interesse pelas artes e pela literatura, presente nesses três autores, é um aspecto que irá marcar de maneira decisiva a comum sensibilidade com que se aproximam e discutem as questões da linguagem no âmbito das ciências humanas.

Ressaltamos, finalmente, que Bakhtin, Vygotsky e Benjamin oferecem uma construção teórica que coloca a linguagem como ponto de partida na investigação das questões humanas e sociais, além de ser também um desvio que permite que as ciências humanas transitem para fora dos paradigmas cientificistas, priorizando uma abordagem ético-estética da realidade.

Embora esses autores tenham vivido e elaborado suas obras no final do século passado e no início deste, um diálogo real entre suas ideias depende das leituras e dos leitores que vão dando continuidade à reelaboração de seu pensamento num novo texto. Este e os próximos capítulos pretendem retomar e dar continuidade a esse diálogo.

BAKHTIN: A DIMENSÃO IDEOLÓGICA E DIALÓGICA DA LINGUAGEM

A crítica ao pensamento filosófico linguístico

Bakhtin (1981) irá desenvolver sua concepção de linguagem a partir de uma crítica radical às grandes correntes teóricas da linguística contemporânea. As teorias linguísticas conhecidas até então são agrupadas por ele em duas grandes correntes: o objetivismo abstrato, representado principalmente pela obra de Saussure, e o subjetivismo idealista, representado em especial pelo pensamento de Humboldt.

Bakhtin (1981) submete essas correntes a uma rigorosa crítica epistemológica, demonstrando que o objeto de cada uma delas, ao reduzir a linguagem ou a um sistema abstrato de formas (objetivismo abstrato) ou à enunciação monológica isolada (subjetivismo idealista), constitui, por si só, um obstáculo à apreensão da natureza real da linguagem como código ideológico.

Para o subjetivismo idealista, o fenômeno linguístico é ato significativo de criação individual. A linguística seria, assim, ciência da expressão e suas leis seriam as leis da psicologia individual.

Ao dicotomizar vida interior e vida exterior, o subjetivismo idealista prioriza o aspecto interior, o lado subjetivo da criação significativa.

Na perspectiva do objetivismo abstrato, a fala não é objeto da linguística. Ao separar a língua (social) da fala (individual), Saussure irá priorizar e estudar apenas os elementos constituídos pelas formas normativas da língua, supondo ser esta um produto que o sujeito registra passivamente. Para o objetivismo abstrato, o fator normativo e estável prevalece sobre o caráter mutável da língua e, portanto, esta é vista como um produto acabado, transmitido através das gerações. Dessa forma, o que interessa não é a relação do signo com a realidade por ele refletida ou com o indivíduo que o engendra, mas a relação do signo para o signo no interior de um sistema de signos. Portanto o signo é considerado independentemente das significações ideológicas que a ele se ligam.

Bakhtin (1981) questiona de um lado as teses do subjetivismo idealista e, de outro, as do objetivismo abstrato, e se indaga sobre o verdadeiro núcleo da realidade linguística. Na sua concepção, a prática viva da língua não permite que os indivíduos interajam com a linguagem como se esta fosse um sistema abstrato de normas.

> Na realidade, não são palavras o que pronunciamos ou escutamos, mas verdades ou mentiras, coisas boas ou más, importantes ou triviais, agradáveis ou desagradáveis etc. A palavra está sempre carregada de um conteúdo ou de um sentido ideológico ou vivencial. (Bakhtin, 1981, p. 95)

Para Bakhtin, a separação da linguagem do seu conteúdo ideológico ou vivencial constitui um dos erros mais grosseiros da linguística formalista. Com isso ele mostra que historicamente essa corrente foi influenciada pela filologia, pois, ao desconsiderar a enunciação e o contexto em que ela ocorre, apoia-se basicamente em *monólogos mortos*, quer dizer, na enunciação isolada, fechada e monológica.

A linguística, diz Bakhtin, ao analisar a linguagem como um sistema construído, reificado, hipostasiado, não pode dar conta do modo como a língua realmente funciona. As regras da língua naturalmente existem, mas seu domínio é limitado e elas não podem ser compreendidas como explicação potencial de tudo. Se explicassem, não haveria espaço para as pessoas criarem a si próprias e ao mundo. Existem sempre modos muito diferentes de falar, muitas *linguagens* refletindo a diversidade da experiência social. O que constitui essas *linguagens* é algo extralinguístico. Na prática somos sensíveis a essa diversidade dos atos de fala, mas a linguística não tem trabalhado a língua na sua relação com a ação humana e com a vida, não encontrou o modo adequado de registrar a língua como fenômeno social. (Bakhtin, 1981)

Bakhtin prossegue nas suas críticas dizendo que a língua é inseparável do fluxo da comunicação verbal e, portanto, não é transmitida como um produto acabado, mas como algo que se constitui continuamente na corrente da comunicação verbal.

> Os indivíduos não recebem a língua pronta para ser usada; eles penetram na corrente da comunicação verbal; ou melhor, somente quando mergulham nessa corrente é que sua consciência desperta e começa a operar... Os sujeitos não adquirem a língua materna; é nela e por meio dela que ocorre o primeiro despertar da consciência. (Bakhtin, 1981, p. 108)

Bakhtin afirma que a reflexão linguística de caráter formal-sistemático adotou, em relação à linguagem, uma posição incompatível com uma abordagem histórica e viva da língua. Superando tanto o subjetivismo idealista como o objetivismo abstrato, assegura:

> A verdadeira substância da língua não é constituída por um sistema abstrato de formas lingüísticas nem pela enunciação monológica isolada, nem pelo ato psicofisiológico da sua produção, mas pelo fenômeno social da interação verbal, realizada através da enunciação ou das enunciações. A interação verbal constitui assim a realidade fundamental da língua. (Bakhtin, 1981, p. 123)

O caráter dialógico da linguagem

A categoria básica da concepção de linguagem em Bakhtin é a interação verbal cuja realidade fundamental é seu caráter dialógico. Para ele, toda enunciação é um diálogo; faz parte de um processo de comunicação ininterrupto. Não há enunciado isolado, todo enunciado pressupõe aqueles que o antecederam e todos os que o sucederão: um enunciado é apenas um elo de uma cadeia, só podendo ser compreendido no interior dessa cadeia. Faraco expressa o dialogismo em Bakhtin da seguinte maneira:

> Ele aborda o dito dentro do universo do já-dito; dentro do fluxo histórico da comunicação; como réplica do já-dito e, ao mesmo tempo, determinada pela réplica ainda não dita, todavia solicitada e já prevista. (Faraco, 1988, p. 24)

Para Bakhtin, as relações dialógicas são muito particulares e não podem ser reduzidas às relações que se estabelecem entre as réplicas de um diálogo real; são, por assim dizer, muito mais amplas, heterogêneas e complexas. Dois enunciados distantes um do outro no tempo e no espaço, quando confrontados em relação ao seu sentido, podem revelar uma relação dialógica. Portanto as relações dialógicas são relações de sentido, quer seja entre os enunciados de um diálogo real e específico, quer seja no âmbito mais amplo do discurso das ideias criadas por vários autores ao longo do tempo e em espaços distintos.

Nessa vertente, Bakhtin desenvolve uma reflexão original da questão da autoria, a qual gerou vários desdobramentos para a compreensão do papel do *outro*, não só na interação verbal, mas também na comunicação estética.

A questão da autoria é, por assim dizer, um tema essencial na sua concepção dialógica da linguagem. Para Bakhtin, a palavra não pertence ao falante unicamente. É certo, diz ele, que o autor (falante) tem seus direitos inalienáveis em relação à palavra, mas o ouvinte também está presente de algum modo, assim como todas as vozes que antecederam aquele ato de fala ressoam na palavra do autor. Bakhtin (1985) afirma que tudo o que é dito está situado fora da *alma* do falante e não pertence somente a ele. Nenhum falante é o primeiro a falar sobre o tópico de seu discurso. O falante não é o Adão bíblico que nomeia o mundo pela primeira vez. Cada um de nós encontra um mundo que já foi articulado, elucidado, avaliado de muitos modos diferentes — *já falado* por alguém. Ao usar as palavras para falar sobre um determinado tópico, encontramo-no já habitado por outras falas de outras pessoas. Para Bakhtin, a linguagem nunca está completa, ela é uma tarefa, um projeto sempre caminhando e sempre inacabado.

Com base nessas reflexões, Bakhtin afirma que a língua e a palavra são quase tudo na vida humana e, portanto, uma realidade tão abrangente e com tantas facetas não pode ser compreendida unicamente por meio da metodologia da linguística. Como vimos anteriormente, segundo ele, a linguística tradicional é incapaz de apreciar a natureza do diálogo. A especificidade das relações dialógicas precisa de uma abordagem que considere os aspectos metalinguísticos que constituem qualquer enunciado, e que não são redutíveis às relações lógicas da língua. Embora as relações lógicas na língua sejam evidentes e necessárias, elas não esgotam toda a complexidade presente nas relações dialógicas.

Uma ilustração inteligente e divertida sobre o que acabamos de dizer é a que nos apresenta Lewis Carroll no diálogo abaixo:

— Eu sempre digo o que penso — respondeu vivamente Alice.
— Ou, pelo menos, penso que digo... É a mesma coisa, vocês sabem.
— Não é a mesma coisa, de modo nenhum! — disse o Chapeleiro. — Se fosse assim, "vejo o que como" seria a mesma coisa que "como o que vejo".
— Se fosse assim, "gosto de tudo que tenho" seria a mesma coisa que "tenho tudo que gosto" — disse a Lebre de Março.
— Se fosse assim — disse, por sua vez, o Rato Silvestre, com uma voz de quem está sonhando alto — "respiro quando durmo" seria a mesma coisa que "durmo quando respiro".
— Para você é a mesma coisa, sim — disse o Chapeleiro. E a conversa morreu. (Lewis Carroll, 1982, p. 66)

O jogo de palavras utilizado nesse diálogo interroga a própria língua, destacando o lugar privilegiado ocupado pelo sentido em qualquer enunciado verbal. Desse modo, fica evidente que a estrutura formal da língua, por si só, é inadequada para dar conta do sentido do enunciado. Realismo, humor e imaginação literária revelam de maneira surpreendente e divertida um dos pontos principais da concepção teórica de Bakhtin, ou seja, de que as questões metalinguísticas são fundamentais na formulação de uma teoria da linguagem mais abrangente.

No fragmento abaixo, Humpty Dumpty, questionando o pragmatismo de Alice em relação ao uso da linguagem, destaca uma outra dimensão da língua — a da variabilidade do sentido de uma mesma palavra de acordo com o contexto em que ela ocorre. Essa dimensão, de acordo com Bakhtin, está, ao mesmo tempo, oculta e evidente no jogo do diálogo.

Eu não sei o que você quer dizer quando diz "glória", replicou Alice. Humpty Dumpty sorriu com desdém. — Evidente que você não sabe — até que eu lhe diga. Quer dizer "há um belo e estrondoso desafio para você!" — Mas "glória" não significa "um belo e estrondoso desafio", Alice contestou. "Quando uso uma palavra", disse Humpty Dumpty — num tom zangado — "ela significa exatamente o que eu quero que ela signifique — nem mais, nem menos." "A questão", disse Alice, "é se você pode fazer as palavras significarem tantas coisas diferentes." "A questão — disse Humpty Dumpty — é saber qual o significado mais importante — isto é tudo." Alice estava muito intrigada para dizer qualquer coisa... (L. Carroll, 1975, p. 274)[14]

Importa aqui considerar como a criação literária de Lewis Carroll é capaz de revelar as limitações das teorias linguísticas mais tradicionais. Estas, como Bakhtin muito propriamente nos diz, não conseguem dar conta da variabilidade do sentido da palavra.

As relações dialógicas pressupõem a língua como sistema, mas não existem propriamente no sistema da língua. Dito de outra forma, as proposições lógicas podem se contradizer, mas somente as pessoas são capazes de discordar. Todo enunciado pretende ser justo, verdadeiro, belo, autêntico etc. O valor do enunciado não é determinado pela língua, como sistema puramente linguístico, mas pelas diversas formas de interação que a língua estabelece com a realidade, com o sujeito falante e com outros enunciados, que, por assim dizer, são verdadeiros, falsos, belos... (Bakhtin, 1985a)

Considerações sobre a dialética e a concepção dialógica da verdade

Morson & Emerson (1990) chamam a atenção para o fato de que as relações dialógicas na perspectiva de Bakhtin são, muitas vezes, interpretadas nas coordenadas da perspectiva dialética, considerando que essa interpretação é incorreta. Consideramos, entretanto, que o fundamental é uma compreensão de qual concepção de dialética Bakhtin discorda profundamente. Isso se evidencia, em vários de seus textos, quando ele ressalta a diferença que existe

---

14. Tradução da autora.

entre a sua concepção dialógica e a dialética monológica de Hegel. Para Bakhtin, a dialética hegeliana esvazia o diálogo de sua condição essencial. Em seu trabalho "De los apuntes de 1970-1971", Bakhtin afirma de forma sintética e peremptória:

> Diálogo e dialética. Tome o diálogo e remova as vozes (separação entre as vozes), elimine as entoações (emocionais e pessoais), e das palavras vivas e das réplicas se extraem noções e julgamentos abstratos, introduza tudo na consciência abstrata. O resultado é a dialética. (Bakhtin, 1985, p. 370)[15]

Se na perspectiva dialógica o mundo é um acontecimento vivo, para a dialética monológica é um contato mecânico de oposições, um contato entre coisas, mas não entre pessoas. A dialética sistematiza e dá uma forma acabada ao diálogo, evidenciando uma maneira monológica de pensar a realidade; esta, evidentemente, contrapõe-se à verdadeira realidade polifônica que caracteriza o eterno diálogo da vida. A monologização do pensamento conduz o diálogo para uma forma vazia, para uma interação sem vida entre as pessoas. Bakhtin compara a dialética monológica de Hegel às ideias dogmáticas que, semelhantes a um peixe dentro de um aquário, tocam o fundo e as paredes e não conseguem seguir mais profundamente. (Bakhtin, 1985e)

As imagens reificadas da dialética monológica são profundamente inadequadas para se compreender a vida por meio do discurso. Cada pensamento, cada enunciado faz parte do encadeamento mais amplo, aberto e sem fim do diálogo da vida. Ignorar a natureza social e dialógica do enunciado é apagar a profunda ligação que existe entre a linguagem e a vida.

Algumas formas de conhecimento expulsam a essencial característica polifônica da realidade, interpretando de forma incorreta o eterno movimento do mundo e seu estado permanente de inacabamento. O sentido dialógico da verdade proposto por Bakhtin se caracteriza pela ideia oposta ao modo de conhecimento monológico. Para esse autor, a verdade não se encontra no interior de uma única pessoa, mas está no processo de interação dialógica

---

15. Tradução da autora.

entre pessoas que a procuram coletivamente. Uma das características fundamentais do dialogismo é conceber a unidade do mundo nas múltiplas vozes que participam do diálogo da vida. Melhor dizendo, a unidade do mundo, na concepção de Bakhtin, é polifônica.

A polifonia é um dos mais instigantes e originais conceitos de Bakhtin. Esse conceito tem sua origem nos seus estudos da obra de Dostoievsky, autor que Bakhtin descreve como sendo um escritor polifônico por excelência. Na literatura, esse conceito inaugura uma mudança radical no lugar do autor em relação à obra. Com base em uma elaborada análise ético-estética da literatura, Bakhtin irá expandir o uso desse conceito para a discussão teórica da constituição do conhecimento nas ciências humanas. A concepção dialógica da verdade é a principal consequência de sua preocupação com a arte literária, preocupação esta que irá orientar uma nova possibilidade de se discutir a relação conhecimento e verdade no interior das ciências humanas.

Embarcar na corrente do pensamento de Bakhtin requer, assim, nos seus próprios termos, uma forma de pensar incontestavelmente dialógica. Isso nem sempre é fácil em um mundo marcado pela fragmentação, no qual o homem é constantemente reificado em categorias dicotômicas e excludentes. O pensamento ocidental tem se mostrado preponderantemente monológico, daí a dificuldade maior de se substituir as abordagens reificadas de interpretação da realidade pelo modelo dialógico e polifônico proposto por Bakhtin.

Entoação e apreciação: O encontro da palavra com a vida

O discurso verbal é diretamente ligado à vida em si e não pode ser divorciado dela sem perder sua significação. Quando deparamos com um enunciado do tipo "Eu não acredito mais em você", percebemos que ele envolve uma série de critérios (éticos, políticos, cognitivos, afetivos) que levam em consideração muito mais do que está incluído nos fatores estritamente verbais do enunciado. São os julgamentos de valor e as avaliações que fazem com que o discurso verbal se envolva diretamente com a vida, formando com ela uma unidade indissolúvel. A língua em si, tomada isoladamente, não pode, naturalmente, ser verdadeira ou falsa, ousada ou tímida.

Cada ato de fala não é só o produto do que é dado, sempre cria algo que nunca existiu antes, algo absolutamente novo e não repetitivo que se revela na entoação. Ao destacarmos as próprias conversas cotidianas que ocorrem entre as crianças, é possível compreender melhor como a entoação é especialmente sensível a todas as vibrações sociais e afetivas que envolvem o falante e, principalmente, observar como ela atua constituindo e se integrando ao enunciado como parte essencial da estrutura de sua significação. O diálogo que apresentamos a seguir, ocorrido entre André (cinco anos), Rafaela (seis anos) e um adulto, ilustra esse aspecto da linguagem.

Rafaela: — Meu pai gosta de ler livro de música. Meu pai é cantor. Está lá na Espanha. Deu uma boneca espanhola pra mim. Minha mãe trabalha no Hospital Souza Aguiar. (Com certo ar de orgulho sobre o que diz)
Adulto: — E seu pai, André, trabalha em quê?
André: — É... (hesitante) Numa fábrica.
Adulto: — Numa fábrica! de quê, André, você sabe?
André: — De chicletes. (Entusiasmado, André continua) Cada dia ele traz quatro caixas para mim.
Adulto: — ... E sua mãe, André, também trabalha fora?
André: — Trabalha... (Pausa) Numa fábrica de brinquedos. Minha mãe traz todo dia quatro caminhões pra mim. Ela trabalha sábado e domingo. Quando minha mãe chega do trabalho ela me leva em quatro cinemas. Já vi Trapalhões, Rambo III...
Rafaela: (Com ar de desdém, duvida das palavras de André)
— Hi! Rambo III não podia entrar nem criança!

Esse diálogo, além de ilustrar como os julgamentos de valor estão presentes nos enunciados, mostra também como à lógica dos desejos infantis se sobrepõe a lógica do real. Desejos e *mentiras* brincam nas palavras das crianças, mas o que importa observar nesse pequeno fragmento é o movimento das tendências afetivo-volitivas, quer dizer, dos desejos, das necessidades, dos interesses e das emoções presentes nessa conversa. Portanto, a compreensão mútua de suas falas depende não apenas da relação afetivo-emocional que há entre os participantes do diálogo, mas de como essa relação acontece na entoação.

No diálogo apresentado anteriormente fica evidente como a entoação permite colocar algo novo no próprio ato de fala, algo que é particular ao falante, e implica, portanto, sua singularidade. A entoação é, por assim dizer, testemunha da singularidade da situação dialógica e do particular direcionamento e responsabilidade dos participantes do diálogo. A experiência passada dos interlocutores do diálogo é única e, portanto, esse *algo novo* que tanto André quanto Rafaela colocam no seu enunciado inclui uma instância avaliativa que se expressa no seu tom emocional-volitivo e, por isso, a entoação traz consigo a marca da individualidade sem perder, contudo, sua dimensão social. Assim, qualquer enunciado se realiza na interdependência da experiência individual com a pressão permanente de valores sociais que circulam no contexto do sujeito falante.

Para Bakhtin (1926), a característica fundamental da entoação é estabelecer uma estreita relação da palavra com o contexto extraverbal e, por isso, ela se localiza na fronteira entre o verbal e o não verbal, do dito e do não dito. A entoação é especialmente sensível a todas as vibrações da atmosfera social que envolve o falante; na entoação, a palavra se relaciona com a vida. A situação extraverbal não age sobre o enunciado de fora, como uma força mecânica, mas se integra ao enunciado como uma parte constitutiva essencial da estrutura de sua significação.

De acordo com Bakhtin (1926), o contexto extraverbal do enunciado compreende três fatores: o horizonte espacial comum dos interlocutores (a unidade do que é visível por eles no momento da interação verbal); o conhecimento e a compreensão comum da situação por parte dos interlocutores; e a avaliação comum da situação sobre a qual os interlocutores se expressam. Embora esses fatores permaneçam sem articulação ou especificação verbal, o enunciado depende diretamente deles, pois são eles que dão real sustentação ao que é dito. Isso quer dizer que cada ato de fala conta com algo que se refere ao horizonte espacial e ideacional dos falantes e que, portanto, é *presumido* por eles. É a partir do *presumido* pelos falantes na interação verbal que a entoação pode ser compreendida.

Bakhtin (1981) afirma que na fala viva a entoação frequentemente assume um sentido independente da composição semântica da fala. Num certo grau, podemos falar por meio da entoação, tornando a parte verbalmente expressa da fala relativamente substituível. A emotividade, a avaliação e a expressividade não são próprias da palavra como unidade da língua; essas características são geradas no processo de uso ativo da palavra num enunciado concreto. O significado da palavra em si (sem relação com a realidade) carece de emotividade. Para ilustrar essa questão, Bakhtin apresenta-nos um caso clássico de utilização da entoação expressiva no discurso familiar, retirado da obra de Dostoievsky, *Diário de um escritor*, que transcrevemos abaixo:

> Certa vez, num domingo, já perto da noite, eu tive ocasião de caminhar ao lado de um grupo de seis operários embriagados, e subitamente me dei conta de que é possível exprimir qualquer pensamento, qualquer sensação, e mesmo raciocínios profundos, através de um só e único substantivo, por mais simples que seja (Dostoievsky está pensando aqui numa palavrinha censurada de largo uso). Eis o que aconteceu. Primeiro, um desses homens pronuncia com clareza e energia esse substantivo para exprimir, a respeito de alguma coisa que tinha sido dita antes, a sua contestação mais desdenhosa. Um outro lhe responde repetindo o mesmo substantivo, mas com um tom e uma significação completamente diferentes, para contrariar a negação do primeiro. O terceiro começa bruscamente a irritar-se com o primeiro, intervém brutalmente e com paixão na conversa e lança-lhe o mesmo substantivo, que toma agora o sentido de uma injúria. Nesse momento, o segundo intervém novamente para injuriar o terceiro que o ofendera. "O que há, cara? Quem tá pensando que é? A gente tá conversando tranqüilo e aí vem você e começa a bronquear!" Só que esse pensamento, ele o exprime pela mesma palavrinha mágica de antes, que designa de maneira tão simples um certo objeto; ao mesmo tempo, ele levanta o braço e bate no ombro do companheiro. Mas eis que o quarto, o mais jovem do grupo, que se calara até então e que aparentemente acabara de encontrar a solução do problema que estava na origem da disputa, exclama com um tom entusiasmado, levantando a mão: "... eureka! Achei, achei!" É isso que vocês pensam? Não, nada de "eureka", nada de "achei!". Ele simplesmente repete o mesmo substantivo banido do dicionário, uma única palavra, mas com um tom de exclamação arrebatada, com êxtase, aparentemente excessivo, pois o sexto homem, o mais carrancudo e mais velho dos seis, olha-o de lado e arrasa num instante o entusiasmo do jovem, repetindo com uma imponente voz de baixo e num tom rabugento... sempre a mesma palavra, interdita na presença de damas para significar claramente: "Não vale a pena arrebentar a garganta, já compreendemos!" Assim, sem pronunciar uma única outra palavra, eles repetiram seis vezes seguidas sua palavra preferida, um depois do outro, e se fizeram compreender perfeitamente. (Dostoievsky, in Bakhtin, 1981a, p. 133)

Esse exemplo mostra-nos como cada enunciado se constitui num tema próprio que se realiza completa e exclusivamente por meio da entoação expressiva. A articulação gramatical e a significação *dicionarizada* da palavra tornaram-se completamente dispensáveis nesse caso de comunicação verbal. Percebemos então, com maior clareza, que qualquer enunciação viva, ao entrar na corrente da comunicação ativa, depende da apreciação, pois ela é que irá indicar se uma determinada significação objetiva entrou no horizonte dos interlocutores, tanto no horizonte imediato quanto no horizonte social mais amplo de um dado grupo social.

Sem o valor apreciativo não há palavra. O valor apreciativo, ao se realizar na entoação expressiva da fala comunicativa, permite desencadear o aspecto criativo das mudanças de significação nos enunciados. A mudança de significação se constitui numa reavaliação, melhor dizendo, no deslocamento de uma determinada palavra para um outro contexto apreciativo. Essa questão se evidencia no breve relato que Gabriela (nove anos) nos traz.

Um dia eu tava fazendo pipoca com uma amiga lá em casa. Aí eu falei pra minha amiga: — Essa pipoca que eu estou fazendo é gostosa e barata. Aí minha amiga falou: — Eu não gosto de barata. Aí ela entrou no elevador e tinha uma barata no elevador. Bem feito! (Gabriela, nove anos)

Nesse episódio, Gabriela mostra ter consciência da variabilidade essencial do sentido das palavras, além de ilustrar como a apreensão do enunciado de outro tem sua expressão no discurso interior que antecede a fala propriamente dita. Bakhtin ressalta que aquele que apreende o discurso de outro não é um ser mudo, privado de palavras, mas, ao contrário, alguém pleno de palavras interiores. Significação e apreciação estão entrelaçadas na interação verbal e, assim sendo, a compreensão depende da orientação ativa, tanto do falante como do ouvinte, em direção a um determinado sentido que a palavra deverá assumir numa dada interação verbal. Como veremos a seguir, a compreensão como processo ativo e criativo é um tema essencial na teoria da linguagem de Bakhtin.

A compreensão como processo ativo e criativo

A compreensão é um processo ativo, ou seja, uma forma de diálogo. Compreender a enunciação de outra pessoa requer uma orientação específica do ouvinte em relação a ela; além disso, é preciso que o interlocutor encontre o lugar dessa enunciação no contexto de suas significações anteriores.

No processo de compreensão, a cada palavra do outro fazemos corresponder uma série de palavras nossas, formando uma réplica. Quanto mais numerosas e substanciais forem nossas réplicas, mais profunda e real é a nossa compreensão. Compreender é, portanto, opor à palavra do locutor uma contrapalavra. O sentido construído na compreensão ativa e responsiva é o traço de união entre os interlocutores. Para Bakhtin, o sentido de um enunciado não está na palavra nem na alma do falante, assim como também não está na alma do interlocutor; o sentido do enunciado é, melhor dizendo, o efeito da interação do locutor e do receptor produzido por meio do material de um determinado complexo sonoro. Metaforicamente, Bakhtin diz que o significado ou o sentido de um enunciado é como uma faísca elétrica, que só se produz quando há contato entre os dois polos opostos. Só a corrente da interação verbal fornece à palavra a luz de sua significação. (Bakhtin, 1981)

A compreensão, além de ser um processo ativo, é também um processo criativo. Bakhtin (1985) afirma que aquele que compreende participa do diálogo, continuando a criação de seu interlocutor, multiplicando a riqueza do *já dito*. Nas palavras de Baudelaire (1990), essa questão aparece nos seguintes termos:

> Na música, como na pintura, e até mesmo na palavra escrita, que é a mais positiva das artes, há sempre uma lacuna completada pela imaginação do ouvinte. (Baudelaire, 1990, p. 33)

Essa forma de interpretar a compreensão como ato criativo conduz Bakhtin a desenvolver suas ideias sobre a comunicação estética e a criação da obra de arte numa vertente bastante original. As palavras de Baudelaire reforçam a ideia bakhtiniana do eterno inacabamento de uma obra de arte, pois, para ele, a obra está sempre se revitalizando por meio das recriações sucessivas de seus contempladores. O artístico, diz Bakhtin (1926), "é uma forma especial de inter-relação entre criador e contemplador fixado numa obra de arte". Essas ideias se expandem e se renovam por meio de uma constante ressonância teórico-conceitual, oferecendo subsídios ainda mais consistentes para a compreensão do papel do *outro* na relação dialógica.

O papel do "outro" na relação dialógica

A língua, como fato social, supõe para qualquer enunciado um direcionamento, quer dizer, o fato de orientar-se sempre para um *outro*. Sem isso um enunciado não pode existir. Não há diálogo entre elementos abstratos da linguagem, quer dizer, entre sentenças, mas somente entre pessoas.

Todo enunciado tem um destinatário (de diferentes tipos e de diversos graus de proximidade). O destinatário é a segunda pessoa do diálogo (não no sentido aritmético do termo) e o ato de fala é moldado pela compreensão responsiva dessa segunda pessoa. Mas, adicionalmente à segunda pessoa, há também uma terceira pessoa (novamente não no sentido aritmético) para cada ato de fala; a ela, Bakhtin chama de destinatário superior. O destinatário superior é aquele que antecipa a compreensão de um enunciado, quer dizer, prevê sua compreensão, num espaço metafísico ou num tempo historicamente distante.

Bakhtin (1985) justifica a existência desse destinatário superior porque, para ele, o autor ou falante nunca pode entregar toda a responsabilidade do julgamento de sua obra discursiva à vontade livre de destinatários existentes e próximos. Por isso supõe, com maior ou menor grau de consciência, uma certa instância superior na compreensão de sua obra, instância essa que pode localizar-se em diversas direções. Nesse sentido, cada diálogo se efetua como se existisse um fundo de compreensão-resposta de um terceiro que o presencia (o diálogo) de forma invisível e que está acima de todos os participantes do diálogo.

Bakhtin faz questão de assinalar que o destinatário superior não é, em absoluto, algo místico ou metafísico, mas se trata de um momento constitutivo do enunciado completo que pode se manifestar numa análise mais profunda de qualquer enunciado. A palavra, por sua própria natureza, quer sempre ser ouvida, está sempre em busca de uma compreensão: ela, que nunca se detém numa compreensão mais próxima, segue sempre adiante de maneira ilimitada. Desde o início do discurso, a presença invisível do destinatário superior é necessária. Querendo ser sempre ouvido, buscando sempre uma compreensão responsiva, o discurso não para na compreensão imediata, pressiona cada vez mais longe — infinitamente.

Não existe nem a primeira nem a última palavra, e não existem fronteiras para um contexto dialógico (ascende a um passado infinito e tende a um futuro igualmente infinito). Inclusive os sentidos passados, gerados no diálogo dos séculos anteriores, nunca podem ser estáveis (concluídos de uma vez para sempre, terminados); sempre irão mudar, renovando-se no processo posterior de desenvolvimento do diálogo. Em qualquer momento do desenvolvimento do diálogo existem quantidades enormes e ilimitadas de sentidos esquecidos, mas em momentos determinados do desenvolvimento posterior do diálogo serão recordados e reviverão num contexto renovado e num aspecto novo. Não existe nada morto de uma maneira absoluta: cada sentido terá sua festa de ressurreição. Problema do grande tempo. (Bakhtin, 1985e, p. 392)[16]

Bakhtin propõe, assim, uma mobilidade infinita para as mudanças de significação, situando a permanente fluidez da palavra no amplo conjunto das transformações da cultura e da história. Sendo a palavra o modo mais puro e sensível da relação social, ela se constitui também, como veremos a seguir, no veículo privilegiado para o estudo da formação da consciência e das ideologias.

Interação verbal, consciência e ideologia

Comecemos por destacar o valor da fala. A fala, as condições de comunicação e as estruturas sociais estão indissoluvelmente ligadas. Para Bakhtin (1981), tanto o conteúdo a exprimir quanto sua objetivação externa são criados a partir de um único e mesmo material — a expressão semiótica. Não existe, portanto, atividade mental sem expressão semiótica. Isso significa admitir que o centro

---

16. Tradução da autora.

organizador e formador da atividade mental não está no interior do sujeito, mas fora dele, na própria interação verbal. Acrescenta, ainda, que não é a atividade mental que organiza a expressão, mas, ao contrário, é a expressão que organiza a atividade mental, que modela e determina sua orientação; não é tanto a expressão que se adapta ao nosso mundo interior, mas o nosso mundo interior que se adapta às possibilidades de nossa expressão, aos seus caminhos e às suas orientações possíveis (Bakhtin, 1981). Nas palavras de Pedro (quatro anos),[17] isso se evidencia da seguinte maneira:

(Adulto) — Mas eu queria te fazer mais uma pergunta.
(Pedro) — Qual é?
(Adulto) — Como é que é tua escola?
(Pedro) — Ah, isso é difícil de explicar, não dá para explicar.
(Adulto) — Mas você gosta da escola?
(Pedro) — Às vezes sim, às vezes não.
(Adulto) — Qual vezes você gosta da escola?
(Pedro) — Qualquer vez eu gosto, qualquer vez eu não gosto!
(impaciente)
(Adulto) — Mas o que na escola você gosta?
(Pedro) (interrompendo) — Agora vamos gravar as músicas!
(Adulto) — Mas o que na escola você gosta?
(Pedro) — Isso que eu falei. Mas vamos gravar as músicas.

Nesse diálogo podemos observar a dificuldade vivenciada por Pedro para encontrar as palavras que expressem adequadamente seus sentimentos mais íntimos em relação à escola. Seu mundo interior busca se adaptar às possibilidades de sua expressão, mas não encontra, nesse momento, as palavras que precisa para expressar e dar forma aos seus sentimentos. Contudo, Bakhtin ressalta que ao expressarmos nossa compreensão sobre qualquer tema para uma outra pessoa, nossa palavra retorna sempre modificada para o interior do nosso pensamento. Quanto mais falo e expresso minhas ideias, tanto melhor as formulo no interior de meu pensamento. O aperfeiçoamento, a diferenciação e o aprimoramento de qualquer conteúdo ideológico ocorrem no processo de expressão e externalização desses conteúdos na interação verbal. Desse modo, Pedro, ao

---

17. Este diálogo é parte de uma conversa gravada no ambiente familiar entre Pedro e sua mãe.

dizer "Ah, isso é difícil de explicar, não dá para explicar", verbaliza um enunciado que nega saber sobre si, mas, pela própria negação, encontra uma forma para estruturar sua vivência interior que, embora difusa, começa a conquistar uma certa concretude na palavra. Fora de sua objetivação, de sua realização num material determinado (gesto, palavra, grito etc.), a consciência é pura ficção. Contudo, uma vez materializada, a expressão exerce um efeito reversivo sobre a atividade mental; ela põe-se então a estruturar a vida interior, a dar-lhe uma expressão ainda mais definida e estável.

Com isso, podemos afirmar que a atividade mental do sujeito, assim como sua expressão exterior, se constitui a partir do território social. Em consequência, todo o itinerário que leva a atividade mental (conteúdo a exprimir) à sua objetivação externa (enunciação) situa-se completamente em território social. A personalidade que se exprime revela-se um produto total da inter-relação social. Isso significa que, na perspectiva de Bakhtin, qualquer que seja a enunciação, mesmo a expressão verbal de uma necessidade qualquer, é, na sua totalidade, socialmente dirigida. O exemplo a seguir é bastante elucidativo e ilustra com clareza as bases teóricas de seu pensamento.

> Suponhamos que o homem faminto tome consciência de sua fome no meio de uma multidão heteróclita de pessoas igualmente famintas, cuja situação se deve ao acaso (desafortunados, mendigos...). A atividade mental desse indivíduo isolado, sem classe, terá uma coloração específica e tenderá para formas ideológicas determinadas, cuja gama pode ser bastante extensa: a resignação, a vergonha, o sentimento de dependência e muitas outras tonalidades tingirão a sua atividade mental. As formas ideológicas correspondentes, isto é, o resultado dessa atividade mental, serão, conforme o caso, ou o protesto individualista do mendigo, ou a resignação mística do penitente.
> Suponhamos agora que o faminto pertença a uma coletividade onde a fome não se deve ao acaso, onde ela é uma realidade coletiva, mas onde, entretanto, não existe vínculo material sólido entre os famintos, de forma que cada um deles passa fome isoladamente. É essa, freqüentemente, a situação dos camponeses. A coletividade (o "mir") sente fome, mas os seus membros estão materialmente isolados, não estão ligados por uma economia comum, cada um suporta a fome no pequeno mundo fechado de sua própria exploração. Em tais condições,

predominará uma consciência da fome de resignação, mas desprovida de sentimento de vergonha ou de humilhação; cada um diz a si próprio: "Já que todos sofrem em silêncio, eu também o farei." É sobre um tal terreno que se desenvolvem os sistemas filosóficos e religiosos fundados sobre o fatalismo e a resignação na adversidade (os primeiros cristãos, os tolstoianos etc.). De maneira completamente diferente será experimentada a fome pelos membros de uma coletividade unida por vínculos materiais objetivos (batalhão de soldados, operários reunidos no interior de uma usina, trabalhadores numa grande propriedade agrícola de tipo capitalista, enfim toda uma classe social desde que nela tenha amadurecido a noção de "classe para si". Nesse caso, dominarão na atividade mental as tonalidades do protesto ativo e seguro de si mesmo; não haverá lugar para uma mentalidade resignada e submissa. É aí que se encontra o terreno mais favorável para o desenvolvimento nítido e ideologicamente bem formado da atividade mental. (Bakhtin, 1981, pp. 115-116)

Nesse trecho, o autor nos permite perceber como a situação social determinou uma forma de enunciação que serviu para exprimir a fome a partir das experiências vivenciais de cada indivíduo. A situação e os participantes mais imediatos determinam a forma e o estilo ocasionais da enunciação. Contudo os estratos mais profundos da sua estrutura são determinados pelas pressões sociais mais substanciais e duráveis a que está submetido o locutor.

Bakhtin (1981) conclui que o grau de consciência, de clareza, de acabamento formal da atividade mental é diretamente proporcional ao seu grau de orientação social. Assim, quanto mais forte, mais bem organizada e diferenciada for a coletividade no interior da qual o indivíduo se orienta, mais distinto e complexo será seu mundo interior. Em outros termos, isso significa que a simples tomada de consciência, mesmo confusa, de uma sensação qualquer, como a fome no exemplo anterior, pode dispensar uma expressão externa, mas não dispensa uma expressão ideológica.

Com base nessas considerações a respeito da constituição social da consciência, uma questão poderá surgir para o leitor: Qual o lugar do sujeito e da constituição da subjetividade na obra de Bakhtin? Essa dúvida permanece até que se consiga apreender, a partir de suas próprias palavras, uma outra concepção de indivíduo. Trata-se de apreender o indivíduo não no seu isolamento idealista, nem na absolutização do individual, mas no concreto das relações sociais e a partir delas. O homem é visto na sua realidade social não porque viva agrupado em sociedade, mas porque, necessariamente, seria incompreensível fora do social.

Meu pensamento, desde a origem, pertence ao sistema ideológico e é subordinado às suas leis. Mas, ao mesmo tempo, ele também pertence a um outro sistema único, e igualmente possuidor de suas próprias leis específicas, o sistema do meu psiquismo. O caráter único desse sistema não é determinado somente pela unicidade de meu organismo biológico, mas pela totalidade das condições vitais e sociais em que esse organismo se encontra colocado. (Bakhtin, 1981, p. 59)

Bakhtin (1981) afirma que o fenômeno psíquico é compreensível exclusivamente por meio dos fatores sociais e sugere que a psicologia deve apoiar-se na ciência das ideologias. Enfim, os fundamentos de uma psicologia verdadeiramente objetiva devem ser sociológicos, pois o centro organizador e formador da atividade mental não está no interior do sujeito, mas fora dele, na própria interação verbal. Toda interação verbal se constitui por meio de enunciados que se materializam em palavras. Assim sendo, nos indagamo-nos: Qual o lugar da palavra na interação verbal e na constituição das ideologias?

A palavra e a constituição das ideologias

Na vida cotidiana, a palavra é, sem dúvida, o material privilegiado da comunicação. Os enunciados construídos a partir da interação verbal exprimem e realimentam a ideologia do cotidiano. A ideologia do cotidiano é um termo utilizado por Bakhtin para explicitar o domínio da palavra interior e exterior desordenado e ainda não fixado num sistema. A ideologia do cotidiano se expressa por meio de cada um de nossos atos, gestos ou palavras, permitindo que os sistemas ideológicos constituídos (moral, arte, religião, ciência) cristalizem-se a partir dela. Dizendo de outra maneira, os sistemas ideológicos constituídos e a ideologia do cotidiano se reconstroem mutuamente, numa interação dialética constante.

Bakhtin não realizou uma análise específica da linguagem no cotidiano da criança. Entretanto a concepção de linguagem por ele construída nos remete para um novo olhar e uma outra compreensão do papel das trocas verbais na formação das ideologias e na constituição da subjetividade da criança. As questões socioideológicas abordadas na perspectiva do dialogismo bakhtiniano podem ser retomadas como um tópico primeiro para uma teoria da cultura. Permitindo uma redefinição do lugar que a criança ocupa na constituição dos valores que transitam em nosso contexto social, as ideias desse autor nos orientam na direção das seguintes indagações: Como a criança apreende o discurso do outro? Como ela experimenta as palavras do outro na sua consciência? Como o discurso é ativamente absorvido pela consciência e qual a influência que ele tem sobre a orientação das palavras que a criança pronunciará em seguida? Que concepção de mundo se explicita na sua linguagem? Como sua palavra revela a ideologia do cotidiano? Como essas manifestações da ideologia do cotidiano questionam ou alimentam os sistemas ideológicos constituídos? Enfim, como se articula a consciência da criança com a lógica da comunicação ideológica?

Essas questões só podem ser plenamente respondidas pela própria linguagem viva, pela linguagem acontecendo no cotidiano das falas infantis. Portanto nada melhor do que o texto da criança para nos surpreender com a imagem de mundo que se manifesta na sua palavra. Destacamos os diálogos em seis pequenas histórias:

O bem e o mal

(Adulto) — Pedro, diz uma coisa pra mamãe. Que que é um super-herói?
(Pedro) — É um desses (mostrando os bonecos). É esse, esse, esse...
(Adulto) — E o que um herói faz?
(Pedro) — Luta contra os inimigos, defende a cidade.
(Adulto) — Defende a cidade? E os inimigos, o que eles fazem?
(Pedro) — Eles querem maltratar a Terra e a cidade. E os heróis salvam a Terra e a cidade.
(Adulto) — E como é que os inimigos maltratam, hein?
(Pedro) — Viram monstros, eles têm armas, aí vão atirando, né? E o bem atirando no mal, pra os maus morrerem. Mas o bem acaba vencendo.
(Adulto) — O bem acaba vencendo? Como é que você sabe?

(Pedro) — Porque tem que vencer, porque ele tem que defender a cidade, senão vai ficar todo mundo brigando (em tom irritado com a pergunta).
(Adulto) — Então toda vez o bem que vence?
(Pedro) — Ahã...
(Adulto) — Nunca o mal vence?
(Pedro) — Só teve uma vez que o mal venceu no *Giban*, mas agora não vai mais vencer porque agora eles têm que defender a cidade, antigamente era assim. (Pedro, quatro anos)

A escola

(Adulto) — Você gosta da sua escola?
(Gabriela) — Eu gosto.
(Marcela) — Eu adoro escrever!
(Adulto) — Por que você adora escola?
(Gabriela) — Porque a gente aprende.
(Marcela) — Eu adoro escola porque a tia é boazinha. Ela briga só de vez em quando.
(Gabriela) — Com os meninos ela briga. Eles brigam demais. Conversam. Para mim o pior é o Bruno e a Tainara. (Canta uma música imitando uma palhaçada do Bruno e acrescenta) — Ele ri toda hora. Fica falando palavrão na escola, que não pode...
(Adulto) — E vocês não falam, não fazem bagunça?
(Gabriela) — A gente só fica quieta fazendo trabalho. Eu não gosto desse que faz bagunça. Pedro fica fazendo palhaçada, né Marcela?
(Adulto) — O que vocês fazem na escola?
(Marcela) — Estudo, brinca, recreio...
(Gabriela) — Faz prova... A tia é legal mas o Pedro, o Bruno, a Tainara e o Samir são...
(Adulto) — São como, Gabriela?
(Gabriela) — São malucos.
(Marcela) — Muito bagunceiros.
(Adulto) — Vocês gostam deles?
(Marcela) — Não.
(Adulto) — Por quê?
(Marcela) — Só gosto da Tainara. Ela ri pouquinho.
(Gabriela) — Mas o Bruno, ha! ha! ha! — toda hora, todo dia.
(Adulto) — E não é gostoso rir?
(Gabriela) — Na aula não! Na aula não! Na brincadeira pode. Se todos acabaram pode.

(Marcela) — Aí a Tainara na provinha, fica na primeira folha. A gente vai, acaba primeiro do que ela. O Bruno vai sempre pra coordenação. Ele não acaba rápido. Na hora do recreio ele fica na sala.
(Gabriela) — O Samir fica assim virado para a parede. Ele faz muita bagunça.
(Marcela) — A professora põe ele preso com a cadeira apertada, virado para a parede. (Marcela, seis anos e Gabriela, seis anos)

Sexo

(André) — Na minha turma as pessoas fazem muita bagunça, são supertaradas, os garotos, tem garotos que são supertarados... Eu não posso dizer o nome que é falta de respeito.
(Adulto) — Mas o que quer dizer isso assim, que são supertarados?
(André) — É que eles... não posso dizer, não posso...
(Adulto) — Não estou perguntando o nome deles...
(Lídia) — Eu sou da sala do André... Eu não vou dizer os nomes, mas eu vou dizer. Eles ficam enchendo as garotas, pegam uma lata, aí ficam dizendo — enfia aqui, enfia aqui! Aí fala assim...
(André) — Aí tá gravando Lídia!
(Adulto) — Não tem nada...
(Lídia) — Não, sabe, aí eles ficam fazendo assim — gostosa! gostosa! gostosa! Aí sabe... Mas, em geral, assim, sabe, é uma sala inteligente, mas muita bagunça, não sei como a professora aguenta. Eu acho que pra ser um professor precisa ter muita paciência.
(André) — Mas só que o Guilherme, quando tava num trabalho, aí tinha que escrever, uma máquina, aí ele falou, "máquina de fazer mulheres", aí ele escreveu... tinha que escrever uma propaganda, aí ele escreveu — Venha, venha, a minha máquina! Tem "tananã, tananã, tem gostosas..."
(Lídia) — Esse Guilherme é um dos tarados, né? Tem outro, aquele Artur, tem vários tarados.
(André) — O Artur não tá mais tarado.
(Lídia) — Ai olha, comigo ele está.
(André, oito anos e Lídia, nove anos)

A cola

(André) — Eu nunca colei numa prova, nunca colei!
(Adulto) — E colar é certo ou é errado?

(Coro) — É errado! Completamente errado. (Lídia)
(André) — Mas eu nunca colei numa prova!
(Lídia) — Bom, na nossa sala o pessoal não cola, não. Pessoal tira zero, 25, mas nunca vi nenhuma notícia...
(André) — (Faz um murmúrio contestando)
(Lídia) — Pelo menos de garota colar, não. Nunca ninguém cola, não. Pode estar com uma dúvida a prova toda, sabendo que errou, mas não cola.
(André) — Por exemplo, cola, mas só acerta uma coisa, aí tira uma nota ruim. Aí não passa de ano. Aí só ela fica em recuperação. Aí não vai poder, quem colar vai tirar zero, zero, em todas...
(Lídia) — Eu não vejo assim não, sabe? Eu acho colar... Se uma pessoa for... Eu acho horrível, mas se a pessoa for boa aluna, tiver uma questão, uma dúvida, que ela está sempre errando, ou que ela quer só ter certeza, não acho tão ruim. Mas uma pessoa que é má aluna, tá colando de pura maldade... Aí eu acho que não. Mas sabe, claro, colar é ruim em todos os motivos. A pessoa não aprende, né? Mas eu, por mim, eu dou cola. Já dei cola no ano passado, não vou dizer pra quem, mas já dei. E a gente... Todas as garotas falam assim, "se eu pedir cola, presta atenção no som" (dá um a batidinha), mas nunca ninguém cola, não.

Meninos e meninas, como devem ser?

(Adulto) — Em mulher não se bate nem com uma flor, você sabia? (Depois de impedir uma briga entre uma menina e um menino)
(Clayton) — Mas eu bato na minha irmã, tia. Porque ela briga. Caramba, vou te meter a porrada. Ela fala: "Me mete, me mete." Então chega pra cá, quer porrada? Ela vai lá e continua implicando. Olha eu vou te meter a porrada. Aí eu perco a paciência e meto porrada nela. (Clayton, cinco anos)

Dinheiro

(Rafael) — Vou catar dinheiro! Vou comprar dinheiro! Estou rico! Vou comprar comida! Vou comprar casa! Vou comprar carro! Vou comprar carne! Olha mais dinheiro! Aqui tem mais dinheiro la, la, la, la... (Rodando e pulando com um punhado de papel nas mãos). (Rafael, quatro anos)

É no fluxo da interação verbal que a palavra se concretiza como signo ideológico, que se transforma e ganha diferentes significados, de acordo com o contexto em que ela surge. Constituído pelo fenômeno da interação social, o diálogo se revela como forma de ligação entre a linguagem e a vida. Buscando situar o diálogo no amplo conjunto de textos que constitui a estrutura simbólica-ideológica de uma cultura, Bakhtin ressalta sua preocupação com o contexto ideológico e a forma como este exerce uma influência constante sobre a consciência individual e vice-versa.

Cada época e cada grupo social têm seu repertório de formas de discurso que funciona como um espelho que reflete e refrata o cotidiano. A palavra é a revelação de um espaço no qual os valores fundamentais de uma dada sociedade se explicitam e se confrontam. O texto da criança coloca-nos frente a frente com o mundo tal qual idealizado e construído por nós, quer seja nos seus aspectos perversos ou estigmatizantes quer seja na sua dimensão crítica e transformadora da ordem estabelecida. Portanto escutar a criança é uma oportunidade de retomarmos, a partir do ângulo dela, um olhar crítico sobre o mal-estar da nossa cultura.

A partir dessa análise, que coloca a centralidade da palavra ou do signo linguístico na constituição das ideologias e da consciência do indivíduo, Bakhtin (1981) mostra a chave da compreensão da relação recíproca entre infraestrutura e superestrutura. A essência do problema é explicitar como a realidade (infraestrutura) determina o signo, ou como o signo linguístico reflete e refrata a realidade em transformação. Respondendo a essa indagação, o autor nos dirá:

> As palavras são tecidas a partir de uma multidão de fios ideológicos e servem de trama a todas as relações sociais em todos os domínios. É portanto claro que a palavra será sempre o indicador mais sensível de todas as transformações sociais, mesmo daquelas que apenas despontam, que ainda não tomaram forma, que ainda não abriram caminho para sistemas ideológicos estruturados e bem formados. A palavra constitui o meio no qual se produzem lentas acumulações quantitativas de mudanças que ainda não tiveram tempo de adquirir uma nova qualidade ideológica, que ainda não tiveram tempo de engendrar uma forma ideológica nova e acabada. A palavra é capaz de registrar as fases transitórias mais íntimas, mais efêmeras das mudanças sociais. (Bakhtin, 1981, p. 41)

Vygotsky, embora não tenha explicitamente se dedicado às questões socioideológicas da linguagem, sua abordagem sócio-histórica nos permite uma compreensão da inter-relação dos fenômenos culturais, provocando transformações na consciência da criança ao longo de seu desenvolvimento. Como veremos a seguir, esse autor irá se dedicar à investigação da gênese do pensamento e da palavra, possibilitando, assim, que as questões socioideológicas trazidas por Bakhtin possam ser recuperadas no âmbito da discussão do desenvolvimento da criança. Nossa intenção é mostrar a complementariedade profunda que o pensamento desses autores nos permite alcançar, principalmente quando nos voltamos para uma discussão mais fecunda das questões da infância e da cultura no mundo atual.

L.S. VYGOTSKY: LINGUAGEM E CONSTRUÇÃO SOCIAL DA CONSCIÊNCIA

Vygotsky e a crítica à psicologia contemporânea

Do mesmo modo que Bakhtin elabora sua concepção dialógica da linguagem a partir de uma crítica radical à linguística de sua época, Vygotsky (1987) também critica as principais correntes e tendências da psicologia contemporânea dizendo que estas, ao estudarem a relação pensamento e palavra sem fazer qualquer referência ao seu processo de desenvolvimento, não conseguem dar um tratamento diferente e inovador para essa questão.

Para a psicologia associacionista, pensamento e palavra estão unidos por laços externos; essa abordagem, de acordo com Vygotsky, é inadequada para explicar as mudanças estruturais e psicológicas que ocorrem no desenvolvimento do significado das palavras. A psicologia da Gestalt, por sua vez, tentou libertar o pensamento e a fala do domínio da associação e submetê-los às leis da formação das estruturas. Nem mesmo essa abordagem, embora sendo uma perspectiva mais progressista no interior da psicologia moderna, alcançou qualquer avanço substancial no domínio da teoria da fala e do pensamento. As outras teorias se agruparam ao redor de dois polos: a visão behaviorista, definindo o pensamento como fala menos som, ou a visão idealista, que afirma ser o pensamento puro, no sentido de não estar relacionado com a linguagem e podendo ser até distorcido por ela. (Vygotsky, 1987)

Vygotsky conclui que essas abordagens, quer se inclinem para o naturalismo puro quer para o idealismo extremo, têm em comum a tendência anti-histórica, quer dizer, estudam o pensamento e a linguagem sem qualquer referência à história de seu desenvolvimento.

Vygotsky está convencido de que, a partir de uma análise histórica e crítica dos caminhos já trilhados pela psicologia de sua época, poderia se aproximar das principais questões para a construção de uma nova abordagem nessa área. Seu objetivo era acabar com a divisão da psicologia em duas metades irreconciliáveis, ou seja, um ramo com características de ciência natural que poderia explicar os processos elementares sensoriais e reflexos, e um outro com características de ciência mental que descreveria as propriedades emergentes dos processos psicológicos superiores. Sua meta era, por assim dizer, criar um novo sistema que sintetizasse essas maneiras conflitantes de estudar o homem, pois, para Vygotsky, nenhuma das correntes psicológicas existentes fornecia as bases firmes necessárias para o estabelecimento de uma teoria unificada dos processos psicológicos superiores. Dessa forma, ressaltando a inadequação dos enfoques metodológicos e teóricos adotados pela psicologia contemporânea, Vygotsky irá construir uma psicologia fundamentada no materialismo histórico e dialético, elaborando com isso uma das aplicações mais promissoras do pensamento marxista ao problema das origens e da evolução da consciência no homem.

O signo como instrumento da consciência

O ponto central do método materialista-histórico e materialista-dialético é que todos os fenômenos devem ser estudados como processos em movimento e mudança. A tarefa do pesquisador é reconstruir a origem e o curso do desenvolvimento do comportamento e da consciência. Todo fenômeno tem sua história e essa história é caracterizada por mudanças qualitativas e quantitativas. (Vygotsky, 1984)

O tema que se distingue nos escritos de Vygotsky é a ênfase nas qualidades únicas da espécie humana, suas transformações e sua realização ativa nos diferentes contextos culturais e históricos. Nessa vertente, Vygotsky irá retomar de forma criativa as concepções de Engels sobre o trabalho humano e o uso de instrumentos. O instrumento simboliza especificamente a atividade humana, a transformação da natureza pelo homem que, ao fazê-lo, transforma a si mesmo. Vygotsky (1984) estendeu esse conceito de *mediação* na interação homem-ambiente pelo uso de instrumentos ao uso de *signos*. Os sistemas de signos (linguagem, escrita, sistema numérico etc.), assim como o sistema de instrumentos, são criados pela sociedade ao longo do curso da história humana e mudam a forma social e o nível de seu desenvolvimento cultural. Enfim, para ele, ambos são instrumentos que o homem emprega para modificar a situação a que responde, são um meio de intervenção na realidade. Entretanto Vygotsky assinala que existe uma diferença sensível entre eles, pois o instrumento psicológico se destaca do instrumento técnico pela direção de sua ação: o primeiro se dirige ao psiquismo e ao comportamento, enquanto o segundo, constituindo também um elemento intermediário entre a atividade do homem e o objeto externo, é destinado a obter uma mudança no objeto em si.

Linguagem, consciência e ideologia

Em Vygotsky (1984), o uso da linguagem se constitui na condição mais importante do desenvolvimento das estruturas psicológicas superiores (a consciência) da criança. O conteúdo da experiência histórica do homem, embora esteja consolidado nas criações materiais, encontra-se também generalizado e reflete-se nas formas verbais de comunicação entre os homens sobre esses conteúdos. A interiorização dos conteúdos historicamente determinados e culturalmente organizados se dá, portanto, principalmente por meio da linguagem, possibilitando, assim, que a natureza social das pessoas torne-se igualmente sua natureza psicológica.

De acordo com Vygotsky, no desenvolvimento cultural da criança, toda função aparece duas vezes: primeiro em nível social e, mais tarde, em nível individual. Esse processo de internalização, quer dizer, de transformação de um processo interpessoal em um processo intrapessoal, implica a utilização de signos e supõe uma evolução complexa em que ocorre uma série de transformações qualitativas na consciência da criança. Dessa forma, estudar a constituição da consciência na infância não se resume em analisar o mundo interno em si mesmo, mas sim em resgatar o reflexo do mundo externo no mundo interno, ou seja, a interação da criança com a realidade.

Ora, tanto Bakhtin quanto Vygotsky destacam o valor fundamental da palavra como o modo mais puro de interação social. Mas, se para Vygotsky o significado da palavra é a chave da compreensão da unidade dialética entre pensamento e linguagem e, como consequência, da constituição da consciência e da subjetividade, para Bakhtin, a palavra, além de instrumento da consciência, é, também, espaço privilegiado da criação ideológica.

> É preciso fazer uma análise profunda e aguda da palavra como signo social para compreender seu funcionamento como instrumento da consciência. É devido a esse papel excepcional de instrumento da consciência que a palavra funciona como elemento essencial que acompanha toda a criação ideológica, seja ela qual for. (Bakhtin, 1981, p. 37)

Como vimos anteriormente, para Bakhtin, é no fluxo da interação verbal que a palavra se transforma e ganha diferentes significados, de acordo com o contexto em que surge; sua realização como signo ideológico está no próprio caráter dinâmico da realidade dialógica das interações sociais. O diálogo revela-se uma forma de ligação entre a linguagem e a vida, permitindo que a palavra seja o próprio espaço no qual se confrontam os valores sociais contraditórios. Esses conflitos dinamizam o processo de transformação social, o qual irá refletir-se irremediavelmente na evolução semântica da língua. Cabe ressaltar, contudo, que a evolução semântica da língua é abordada, em cada um desses autores, a partir de ênfases distintas: Vygotsky trabalha a evolução semântica da língua tendo como referência as transformações do significado da palavra ao longo do desenvolvimento do sujeito; Bakhtin amplia essa perspectiva, tratando de desvendar a evolução semântica da língua partindo do confronto ideológico dos valores sociais contraditórios ao longo da história social humana. Cabe a nós articularmos essas duas perspectivas para alcançar uma compreensão mais abrangente da infância e da linguagem na constituição da subjetividade e das ideologias.

De um modo geral, o que há de comum entre esses dois autores é a busca de um elo dinamizador das transformações sociais, que passa, necessariamente, por situar a linguagem, na sua acepção dialógica, como catalisadora dessa mediação. Entretanto, enquanto Vygotsky destaca o significado da palavra para analisar as transformações semânticas da língua ao longo do desenvolvimento da criança, a preocupação de Bakhtin é situar a palavra no amplo conjunto de textos veiculados pelo diálogo e que refletem a estrutura simbólica de uma determinada cultura. Seu interesse é incluir, no âmbito de sua análise, os mecanismos específicos pelos quais o contexto ideológico exerce uma influência constante sobre a consciência individual e vice-versa.

As raízes genéticas do pensamento e da palavra

A substituição do postulado da imutabilidade do significado das palavras pela tese de que o significado das palavras evolui e se modifica é um dos aspectos mais importantes presente tanto em Vygotsky quanto em Bakhtin e a base de suas ideias oposicionistas, não só em relação s teorias psicológicas, como também em relação à linguística contemporânea. A problemática sobre a qual Vygotsky direciona sua investigação não é propriamente a crítica da língua como sistema (discussão presente na obra de Bakhtin), mas de um modelo de produção de pensamento, no qual a linguagem assume um lugar predominante e preenche funções específicas. Seu objetivo principal foi elaborar uma compreensão da relação entre o pensamento e a palavra como processo dinâmico, como realização do pensamento em palavra.

Ao tentar investigar a relação entre o pensamento e a fala nos estágios iniciais do desenvolvimento filogenético e ontogenético, Vygotsky (1987) afirma não encontrar nenhuma interdependência específica entre as raízes genéticas do pensamento e da palavra. Ficou evidente para ele é que a relação intrínseca entre pensamento e palavra não é uma condição prévia para o desenvolvimento da consciência humana, mas antes um produto desse desenvolvimento. A relação pensamento e palavra, na concepção de Vygotsky, é, portanto, um processo com raízes genéticas distintas, mas que, ao longo da evolução de ambos, estabelecem entre si uma interdependência contínua e sistemática que se modifica e se desenvolve.

Assim sendo, seu ponto de partida é investigar o tipo de relação que existe entre pensamento e linguagem e como essa relação vai se modificando à medida que a criança se aproxima da idade adulta. Em suma, busca explicar as transformações dinâmicas que essa relação vai adquirindo nas diferentes fases da vida da criança.

O significado da palavra: Unidade e transformação

Com base na abordagem genética do desenvolvimento da linguagem, Vygotsky observa que o pensamento na criança pequena inicialmente evolui sem a linguagem; igualmente, os primeiros balbucios da criança se constituem numa forma de comunicação sem pensamento. Destaca, entretanto, que a função social da fala já é aparente desde os primeiros meses de vida da criança, ou seja, na fase pré-intelectual da linguagem. A criança tenta atrair, por meio de sons variados, a atenção do adulto, e comunica suas sensações de prazer e desprazer, que são habilmente decodificadas pela mãe ou adulto significativo do seu meio circundante. Portanto a criança, nos primeiros meses de vida, possui um pensamento pré-linguístico e uma linguagem pré-intelectual. O momento crucial ocorre por volta dos dois anos, quando as curvas do pensamento pré-linguístico e da linguagem pré-intelectual se encontram e se juntam, iniciando um novo tipo de organização do pensamento e da linguagem. Nesse momento o pensamento torna-se verbal e a fala, racional. A criança descobre, ainda que difusamente, que cada coisa tem seu nome e a fala começa a servir ao intelecto e os pensamentos começam a ser verbalizados. Para Vygotsky, o pensamento e a palavra não são ligados por um elo primário, mas, ao longo da evolução do pensamento e da fala, tem início uma conexão entre ambos, que se modifica e se desenvolve.

Para se compreender a construção teórica de Vygotsky, é necessário não perder as coordenadas dialéticas de seu pensamento e acompanhar o movimento permanente de seus conceitos. Em Vygotsky não há lugar para dicotomias que isolam o fenômeno, fragmentando-o e imobilizando-o de maneira artificial; tudo está em movimento e todo movimento é causado por elementos contraditórios que coexistem, posteriormente, numa nova totalidade. Por isso, logo após ter evidenciado as raízes genéticas diferentes do desenvolvimento do pensamento e da fala na criança, Vygotsky busca a unidade do pensamento verbal no significado da palavra, elemento básico de sua construção teórica.

> O significado de uma palavra representa um amálgama tão estreito do pensamento e da linguagem, que fica difícil dizer se se trata de um fenômeno da fala ou de um fenômeno do pensamento. (Vygotsky, 1987, p. 104)

Vygotsky ressalta, continuamente, ao longo de seus textos, o modo como pensamento e fala se encontram e se distanciam em vários momentos, buscando evidenciar que, tanto a especificidade de cada um quanto a unidade dialética que necessariamente regem os dois podem ser observadas no desenvolvimento das relações à verbais da criança com seu meio. Além disso, Vygotsky acrescenta é que os significados das palavras são formações dinâmicas que se modificam e evoluem à medida que a criança se desenvolve e de acordo com as várias formas pelas quais o pensamento funciona. Em vista disso, uma análise da interação do pensamento e da palavra deve começar com uma investigação das fases e dos planos diferentes que um pensamento percorre antes de ser expresso em palavras. Vygotsky insiste em dizer que a estrutura da fala não é um mero reflexo da estrutura do pensamento, sendo, portanto, necessário encontrar uma forma de se estudar as fases da transformação do pensamento até chegar a ser fala.

A semântica e a fonética no desenvolvimento da linguagem

Vygotsky sugere que a análise do desenvolvimento ontogenético da linguagem é uma oportunidade para o estudo do processo de passagem do pensamento à palavra. Mas para que essa análise seja possível, é necessário é estabelecer uma distinção fundamental entre os dois planos da linguagem verbal e observar como eles se comportam ao longo do desenvolvimento da linguagem na criança. Vygotsky se refere ao aspecto interno da linguagem verbal, que é semântico e significativo, e seu aspecto externo, que é propriamente sonoro. Os aspectos semântico e fonético da linguagem, embora formem uma verdadeira unidade, têm suas próprias leis de movimento. A observação do desenvolvimento da linguagem na criança revela a presença de um movimento independente em cada uma dessas esferas — fonética e semântica.

Vygotsky observa que a criança começa a dominar a fala exterior, construindo-a da parte para o todo. Dito de outra maneira, a criança, quando penetra na corrente da linguagem, começa utilizando sons que acabam por se traduzir em palavras, para, em seguida, articular palavras que irão formar frases numa complexidade cada vez mais ampla. Em relação ao significado, ocorre o inverso. A primeira palavra da criança tem a fora de uma frase completa. Isso significa dizer que, semanticamente, a criança parte do todo indiferenciado ou de um complexo significativo e só mais tarde começa a dominar as unidades semânticas separadas. Vygotsky afirma que, exatamente por surgir como um todo indistinto e amorfo, o pensamento da criança deve encontrar expressão em uma única palavra. À medida que seu pensamento se torna mais diferenciado, não é mais possível expressar-se por meio de uma única palavra. O avanço da fala em direção s frases auxilia o pensamento a progredir de um todo homogêneo para partes mais bem definidas.

Com essa construção teórica, Vygotsky esclarece que o pensamento e a palavra não provém de um modelo único. Em certo sentido, entre ambos existem mais diferenças do que semelhanças, entretanto, são exatamente essas diferenças que garantem a unidade dialética entre pensamento e palavra ao longo do desenvolvimento. A criança vai progressivamente aprendendo a distinguir a semântica da fonética e compreendendo a natureza dessa diferença, que se evidencia no próprio uso das palavras na interação verbal. O enunciado mais simples, longe de refletir uma correspondência constante e rígida entre som e significado, é na verdade um processo. No princípio a criança utiliza formas verbais e significados sem ter consciência de ambos como coisas separadas. Para ela, a palavra à parte integrante do objeto que denota. As características das coisas estão tão estreitamente relacionadas com seus nomes, que mudar o nome implica, para a criança, mudar as próprias características do objeto em questão.

Quando Vygotsky compara essas relações estruturais e funcionais nos estágios inicial, intermediário e avançado do desenvolvimento da linguagem na criança, encontra duas características fundamentais nesse processo. Inicialmente, só existe a função nominativa, ou seja, semanticamente só existe a referência objetiva. Isso quer dizer que a significação independente da nomeação e o significado independente da referência surgem mais tardiamente. Vygotsky acrescenta que, quando esse desenvolvimento se completa, a criança se torna de fato capaz de formular o seu pensamento e de compreender a fala dos outros. Até então, a sua utilização das palavras coincide com a dos adultos em sua referência objetiva, mas não necessariamente em seu significado. Isso quer dizer que, mesmo quando um adulto e uma criança utilizam a mesma palavra numa interação verbal, nem sempre a palavra significa a mesma coisa para um e para outro, ou seja, não se remete é realidade sobre a qual se expressam da mesma forma.

A fusão desses dois planos da fala — fonético e semântico — começa a declinar gradativamente ao longo do desenvolvimento da criança. Assim, cada estágio do desenvolvimento do significado das palavras tem sua própria inter-relação, que é específica nos dois planos. A capacidade que tem a criança de se comunicar por meio da linguagem relaciona-se diretamente com a diferenciação dos significados das palavras na sua fala e na sua consciência.

Egocentrismo: Um caminho para a análise da fala interior

Dando continuidade s suas reflexões sobre o pensamento e a palavra, Vygotsky afirma ser indispensável uma compreensão clara da natureza psicológica da fala interior. Após ter acompanhado o surgimento da fala exterior na fase inicial do desenvolvimento da linguagem, Vygotsky quer descrever o processo inverso, isto é, a fala interiorizando-se em pensamento.

Comparando as características da fala interior com as da fala exterior, Vygotsky reconhece que a fala interior oferece enormes dificuldades para ser investigada. Admite que Piaget, ao chamar a atenção para a fala egocêntrica e constatar sua importância teórica, foi pioneiro em apontar o caminho para uma investigação experimental da fala interior. Entretanto Vygotsky ressalta que Piaget não percebeu a característica mais importante da fala egocêntrica — sua relação genética com a fala interior —, o que acarretou uma interpretação distorcida de sua função e de sua estrutura.

Piaget (1967), pesquisando sobre o uso da linguagem nas crianças, admite que todas as conversas infantis podem ser classificadas em fala egocêntrica e fala socializada. Na fala egocêntrica, a criança fala apenas para si própria, sem interesse pelo seu interlocutor. Nesse sentido, não tenta comunicar-se, não espera resposta e, frequentemente, não se preocupa em saber se algum está prestando atenção no que diz. Na fala socializada, ao contrário, a criança procura efetivamente estabelecer um contato com o outro. Piaget acrescenta que a tendência da fala egocêntrica é se atrofiar à medida que a criança se aproxima da idade escolar. Admite, assim, que a fala egocêntrica deriva de uma socialização insuficiente da fala e que seu destino é o desaparecimento. Para Piaget, a fala se desenvolve primeiro como fala interior, depois como fala egocêntrica, e finalmente se transforma em fala socializada. O movimento do interior para o exterior, ou melhor, do individual para o social.

Vygotsky (1987), discordando dessa interpretação teórica de Piaget, sustenta que a linguagem, a partir dos dois anos até por volta dos sete anos, apresenta duas funções simultaneamente, sem que a criança seja capaz de diferenciá-las com nitidez: a função interna, de coordenar e dirigir o pensamento, e a função externa, de comunicar os resultados do pensamento para outras pessoas. Exatamente porque a criança não é capaz de diferenciar essas duas funções, acontece o que Piaget denomina de fala egocêntrica, ou seja, a criança fala alto sobre seus planos interiores e suas ações, não fazendo distinção entre a fala para si mesma e a fala social dirigida para o outro.

Vygotsky parte da premissa de que a função primordial da fala, tanto na criança quanto nos adultos, é o contato social. A fala mais primitiva da criança é, portanto, essencialmente social. A princípio, é global e multifuncional, e, posteriormente, suas funções tornam-se diferenciadas. Numa certa idade, a fala social da criança divide-se muito nitidamente em fala egocêntrica e fala comunicativa. Tanto uma quanto outra são essencialmente sociais, embora suas funções sejam diferentes. A fala egocêntrica emerge quando a criança transfere formas sociais e cooperativas de comportamento para a esfera das funções psíquicas interiores e pessoais.

De acordo com Vygotsky, a fala egocêntrica tem um papel fundamental na atividade da criança, pois não só acompanha suas atividades, mas está também a serviço de sua orientação mental, ajudando a criança a superar suas dificuldades. A culminância da fala egocêntrica se dá no futuro; o seu desenvolvimento é transformar-se em fala interior. A decrescente vocalização da fala egocêntrica, observada em crianças em idade escolar, tem um significado positivo e indica a aquisição de uma nova capacidade da criança — a de pensar as palavras, em vez de pronunciá-las.

Outro aspecto importante é que Vygotsky percebe a fala egocêntrica como um fenômeno de transição das funções interpsíquicas para as intrapsíquicas, quer dizer, da atividade social e coletiva da criança para a sua atividade mais individualizada. Dessa forma, o curso principal do desenvolvimento da criança caracteriza-se por uma individualização gradual. Essa perspectiva acarreta uma mudança radical na compreensão da construção da subjetividade e da consciência, pois as relações sociais e o uso da linguagem assumem um papel de destaque nesse processo. Dessa forma, estudar a consciência ou o processo de construção da subjetividade da criança não se resume ao fato de se ter acesso ao seu mundo interno, mas sim em resgatar o reflexo do mundo externo no mundo interno, ou seja, a interação da criança com a realidade.

Uma das observações mais interessantes de Vygotsky foi admitir que a fala egocêntrica é um estágio do desenvolvimento que precede a fala interior e que ambas possuem estruturas semelhantes. A fala egocêntrica, para Vygotsky, um meio por intermédio do qual se pode ter acesso à formação específica da fala interior. A partir dessa abordagem, Vygotsky encontra uma estratégia para superar as dificuldades do estudo experimental da fala interior, fazendo avançar enormemente o conhecimento da psicologia contemporânea no que diz respeito à relação pensamento e palavra.

Pensamento e palavra na psicologia e na literatura

Vygotsky, comparando a fala interior com a fala exterior, mostra que a fala interior à regida por uma sintaxe especial que a faz parecer desconexa e incompleta. Ao observar a fala egocêntrica, esse autor constata que, à medida que esta se desenvolve, revela uma tendência para uma forma de abreviação totalmente específica, ou seja, a criança omite o sujeito de uma frase e todas as palavras com ele relacionadas, enquanto mantêm o predicado. Esclarece, entretanto, que o predomínio da predicação é um produto do desenvolvimento. No início, a fala egocêntrica tem uma estrutura idêntica é fala social, mas no processo de sua transformação em fala interior torna-se gradualmente menos completa e coerente e, portanto, regida por uma sintaxe totalmente predicativa. Ressalta, assim, que essa tendência é predicação também, a forma sintática fundamental da fala interior. Mas essa característica não é exclusiva da fala egocêntrica da criança, aparecendo também na fala exterior, quando os interlocutores conhecem bem o assunto, quer dizer, quando o pensamento dos interlocutores coincide. Quando isso ocorre, o diálogo apresenta uma sintaxe simplificada, utilizando-se de um número muito reduzido de palavras, enfim, a função da fala se reduz ao mínimo.

Ora, tanto Vygotsky quanto Bakhtin chamaram a atenção para o fato de que o entendimento mútuo pode ser obtido por meio de uma fala completamente abreviada, desde que as mentes dos interlocutores estejam direcionadas para o mesmo sujeito. Coincidentemente, os dois autores se utilizam do mesmo texto de Dostoievsky (*Diário de um escritor*), para exemplificar essa concepção teórica.[18] Nesse texto fica evidente que é possível transmitir todos os pensamentos, sentimentos, e até mesmo uma sequência de raciocínio por meio de uma só palavra. Quando os interlocutores têm um conhecimento suficiente do assunto, a fala abreviada e as frases exclusivamente predicativas constituem o diálogo. Vygotsky e Bakhtin ressaltam que, no diálogo, as expressões faciais, os gestos, o tom das vozes e um conhecimento mútuo do tema, enfim, tudo aquilo que constitui o valor apreciativo que os interlocutores conferem ao tema do referido diálogo, por assim dizer, parte integrante da compreensão diferenciada do significado das palavras nesse diálogo específico.

Comparando o diálogo com a escrita, Vygotsky assegura que esta última requer uma forma de fala mais elaborada, pois, uma vez que o tom da voz e o conhecimento prévio do tema estão excluídos, o autor fica obrigado a utilizar muito mais palavras. Conclui, então, que a tendência à predicação, praticamente inexistente na escrita e só algumas vezes encontrada no diálogo, é a forma natural e predominante da fala interior. Dessa forma, uma vez que a fala interior é uma fala quase sem palavras, o significado passa para o primeiro

---

18. Este texto aparece citado na página 107 deste livro.

plano, fazendo com que a fala interior opere fundamentalmente com a semântica e não com a fonética.

Vygotsky, ao desenvolver a análise das peculiaridades semânticas da fala interior, ressalta o predomínio do sentido de uma palavra sobre seu significado. Ele define o sentido de uma palavra como a soma de todos os eventos psicológicos que a palavra desperta em nossa consciência — sentido é um todo complexo, fluido e dinâmico, que tem várias zonas de estabilidade desigual, enquanto o significado é apenas uma das zonas do sentido, a mais estável. Para Vygotsky, o "significado dicionarizado de uma palavra nada mais é do que uma pedra no edifício do sentido, não passa de uma potencialidade que se realiza de formas diversas na fala". Assim, a fala interior tem como regra o predomínio do sentido sobre o significado, da frase sobre a palavra, e do contexto sobre a frase.

O que essencialmente Vygotsky nos transmite, a partir dessa sua análise elaborada da relação entre pensamento e fala, é que o pensamento tem sua própria estrutura e a transição dele para a fala não é algo que ocorre facilmente. Assim como uma frase, ou até mesmo uma única palavra, pode expressar vários pensamentos, um único pensamento pode ser expresso por meio de uma única palavra ou por meio de várias frases. Na mente do interlocutor, o pensamento acontece como uma totalidade e num só momento, mas, para que ele se torne uma realidade para um ouvinte qualquer, é necessário desenvolvê-lo numa sequência de palavras. Vygotsky compara essa transição do pensamento é sua concretização no ato de fala a uma nuvem descarregando uma chuva de palavras. Seduzindo o leitor por meio de um outro tipo de linguagem, Clarice Lispector encontra um caminho diferente para sensibilizar nossa compreensão sobre esse tema.

> Meu pensamento, com a enunciação das palavras mentalmente brotando, sem depois eu falar ou escrever, esse meu pensamento de palavras é precedido por uma instantânea visão, sem palavras, do pensamento — palavra que se seguirá, quase imediatamente —, diferença espacial de menos de um milímetro. Antes de pensar, pois, eu já pensei. Suponho que o compositor de uma sinfonia tem somente o "pensamento antes do pensamento", o que se vê nessa rapidíssima idéia muda é pouco mais que uma atmosfera? Não. Na verdade é uma atmosfera que, colorida já com o símbolo, me faz sentir o ar da atmosfera de onde vem tudo. (Clarice Lispector, 1978, pp. 16-17)

Vygotsky afirma que o pensamento não tem um equivalente imediato, por isso sua transição para a palavra passa necessariamente pelo significado. Uma vez que as palavras no pensamento são plurivalentes, Vygotsky assegura que todas as frases que dizemos na vida real possuem algum tipo de subtexto, quer dizer, um pensamento oculto por trás delas. Por trás de cada pensamento há desejos, necessidades, interesses e emoções, fazendo com que a compreensão do que dizemos dependa substancialmente da interação do nosso ouvinte com essa base afetivo-volitiva. A compreensão é o resultado do nível de interação que os indivíduos conseguem estabelecer entre o verbal e o extraverbal, entre a palavra e o afetivo-emocional que flui na interação entre as pessoas. Não estariam essas questões presentes no fragmento abaixo?

> Eu escrevo por intermédio de palavras que ocultam outras — as verdadeiras. É que as verdadeiras não podem ser denominadas. Mesmo que eu não saiba quais são as "verdadeiras palavras", eu estou sempre aludindo a elas. Meu espetacular e contínuo fracasso prova que existe o seu contrário: o sucesso. Mesmo que a mim não seja dado o sucesso, satisfaço-me em saber sua existência. (Clarice Lispector, 1978, p. 72)

O que fica evidente, tanto na literatura de Clarice Lispector quanto nas ideias teóricas de Vygotsky e Bakhtin, é a intenção de resgatar uma concepção de linguagem que leve em consideração os múltiplos sentidos que uma palavra pode alcançar, sentidos estes que estão, num certo modo, contidos propriamente entre o verbal e o extraverbal. Uma tal concepção de linguagem tem profundas consequências sobre o que constitui a verdade na teoria do conhecimento. Para Bakhtin, a verdade não se encontra no interior de uma única pessoa, mas está no processo de interação dialógica entre pessoas que a procuram coletivamente. Dessa forma, a unidade do mundo está nas múltiplas vozes que participam do diálogo da vida e na história. Assim como não há nem a primeira nem a última palavra, também não existe nem a primeira nem a última verdade, mas verdades que se constituem na linguagem e por meio dela, continuamente ao longo da história. A unidade do mundo é polifônica.

WALTER BENJAMIN: A LINGUAGEM COMO EXPRESSÃO CRÍTICA DA MODERNIDADE

Não encontramos em Benjamin uma teoria coerente, argumentada e didática sobre a linguagem, mas sim uma reflexão profunda concernente ao papel e ao uso da linguagem no mundo moderno e uma intuição essencial quanto à sua natureza. Entretanto, se quisermos realmente compreender suas ideias originais e contestatórias sobre as questões do progresso e da civilização, é preciso estar preparado para ir ao encontro de uma construção teórica extremamente ousada. Isso porque Benjamin irá se interrogar sobre a essência da linguagem recorrendo à teologia e à mística judaica. Contudo, são esses aspectos aparentemente anacrônicos de seu pensamento que o tornam surpreendentemente atual, além de responsável pela elaboração de uma utopia revolucionária.

Dentre as inúmeras questões que as ideias de Benjamin suscitam, destacamos uma discussão que se distingue por ser premonitória, quer dizer, uma reflexão que busca revelar os fundamentos da alienação do homem pela perversão contida no uso da linguagem no mundo atual. O homem no mundo moderno vive uma verdadeira esquizofrenia entre o discurso proferido e a realidade vivida. Quando a linguagem é utilizada de modo a inibir a revelação da essência mais íntima do homem, ela se torna apenas um instrumento de uma sociedade que encarcera seus indivíduoss, sem que estes, muita vezes, se deem conta do processo aprisionador do qual são vítimas. Assim, para se escapar ao maquinismo infernal de uma linguagem que submete o homem à servidão generalizada, é necessário reinventar a própria linguagem, ou melhor, recuperar algo que nela existe, mas que hoje, cada vez mais, vem sendo expulso do seu domínio. Para isso, Benjamin recorre às raízes messiânicas de uma linguagem original que se perdeu na corrente do *progresso*, mas que precisa ser resgatada para que o reencontro do homem com sua própria liberdade se torne uma realidade possível. O amor pela tradição e pelo passado revela uma intuição profunda de que nessa paixão está fora a subversiva capaz, de fato, de colocar em crise o presente

Para Löwy (1989), utopia, anarquismo, revolução e messianismo estão em Benjamin alquimicamente combinados e articulados com uma crítica neorromântica do *progresso* e do conhecimento puramente técnico-científico. Löwy (1989) acrescenta, ainda, que "é preciso aplicar ao estudo da obra de Benjamin a distinção que ele próprio estabelece entre o químico/co entador e o alquimista/crítico, pois, ao olhar para além da madeira e das cinzas de seus escritos, o alquimista deve concentrar sua atenção sobre a chama espiritual que arde em sua obra: a redenção revolucionária da humanidade".

Tendo como guia esse olhar sugerido por Löwy, propomo-nos a uma viagem pelos meandros do pensamento de Benjamin, o qual nos surpreende por ser tão místico quanto materialista, tão esotérico quanto saturado de realismo. A questão que nos parece fundamental desvendar as razões que sustentam tal simultaneidade.

A dimensão mimética da linguagem

A ênfase de Benjamin em motivos teológicos e místicos desemboca numa compreensão do desenvolvimento da linguagem a partir de uma capacidade mimética original, pela qual o homem descobria na natureza analogias e correspondências. Segundo a teoria mimética, a linguagem teria surgido de uma mímica gestual primitiva. O som teria sido, de início, um simples acompanhamento do gesto, uma duplicação fonética da mimeses do corpo. Com o passar do tempo, esse gesto sonoro se emancipou do gesto manual, assumindo, aos poucos, uma posição predominante, devido ao caráter mais econômico da linguagem fonética. Nessa concepção de desenvolvimento da linguagem, as raízes verbais seriam simplesmente transposições sonoras dos antigos gestos espontâneos. A partir de tais teorias, a fala imitaria o gesto, e este corresponderia a u instinto animal fundamental — o movimento mimético e expressivo por meio do corpo. (Rouanet, 1981)

No ensaio "A doutrina das semelhanças", escrito em 1933, Benjamin (1987a) afirma que esse dom mimético da linguagem não desapareceu de todo, mas se modificou no curso da história da espécie. Para ele, essa faculdade mimética tem uma história tanto no sentido filogenético quanto no ontogenético. Ontogeneticamente, a faculdade mimética pode ser observada no jogo infantil. O jogo da criança é impregnado de comportamentos miméticos que não se limitam de modo algum à imitação de pessoas. A criança não brinca apenas de ser comerciante ou professor, mas também se transforma em moinho de vento ou trem, cavalo ou gato, ou seja, a criança, por meio da mimese, imita o real sendo verdadeiramente aquilo que sua imaginação deseja — pessoas, animais ou coisas. A compreensão do significado filogenético do comportamento mimético pressupõe a onipresença do elemento mimético no universo primitivo, permitindo estabelecer correspondências múltiplas entre o microcosmo e o macrocosmo.

Vygotsky (1984), discutindo a ontogênese da linguagem a partir do aparecimento da função simbólica na criança, permite-nos uma compreensão análoga. Isso porque esse autor encontra no gesto de apontar um movimento expressivo que antecede a palavra propriamente dita. A criança, desde o início, busca estabelecer relações e se comunicar com o mundo físico e social. Essas primeiras tentativas envolvem o corpo como um todo e, nesses movimentos corporais — sempre ampliados pelo sentido que a mãe ou pessoas próximas à criança lhes conferem —, está contido o germe da constituição simbólica da realidade. Vygotsky acrescenta que os gestos são como a escrita no ar, enquanto os signos escritos são, frequentemente, simples gestos que foram fixados, ou seja, o gesto se constitui, para ele, no signo visual inicial que contém o futuro da escrita do homem. Isso significa dizer que a representação simbólica da realidade evolui em direções e formas cada vez mais sofisticadas ou inusitadas, tendo por base o diálogo permanente do sujeito social e seu contexto cultural. A abordagem psicogenética de Vygotsky sobre as transformações da função simbólica na história de vida do sujeito confere à linguagem uma dimensão dinâmica indispensável para a compreensão de suas transformações mais lentas, porém não menos significativas, ao longo da história da humanidade. É exatamente esse último aspecto que constitui o cerne das preocupações da teoria da linguagem de Benjamin.

Benjamin quer encontrar uma compreensão das transformações da função simbólica, buscando traçar a história dessas transformações, pois sua crença é de que as forças miméticas não permaneceram as mesmas e se modificaram no curso do tempo. Com a passagem dos séculos, diz ele, a energia mimética, e com ela o dom de apreensão mimética, abandonou certos espaços, talvez ocupando outros. Indagando-se sobre a extinção ou a transformação da faculdade mimética, Benjamin admite que o universo do homem moderno parece conter aquelas correspondências mágicas em muito menor quantidade que o universo dos povos antigos ou primitivos. Entretanto o que nos interessa especialmente é que, segundo ele, essas antigas correspondências, não tendo desaparecido de todo, preservaram-se na linguagem falada, nos símbolos da linguagem escrita e na arte, estando, portanto, contidas na dimensão semiótica da linguagem. Assim, a possibilidade dessa primeira leitura não desapareceu de todo e, portanto, o extraordinário duplo sentido da palavra leitura pode ser resgatado em seu significado profano e mágico.

> O colegial lê o abecedário, e o astrólogo, o futuro contido nas estrelas. No primeiro exemplo, o ato de ler não se desdobra em seus dois componentes. O mesmo não ocorre no segundo caso, que torna manifestos os dois estratos da leitura: o astrólogo lê no céu a posição dos astros e lê ao mesmo tempo, nessa posição, o futuro ou o destino. (W. Benjamin, 1987a, p. 112)

A questão fundamental que essa concepção de linguagem permite retomar é um questionamento das teorias da linguagem que, calcadas na fragmentação saussseriana língua/fala, justificam o isolamento da linguagem com o mundo e com a vida, reduzindo-a a um simples veículo da razão instrumental. Essas questões, amplamente abordadas por Bakhtin, são ampliadas de forma original e instigante pela teoria místico-teológica de Benjamin. Para Benjamin, longe de ser um sistema convencional de signos, a linguagem mantêm com as coisas uma relação não arbitrária, ou seja, ela é o *medium* onde se refletem processos reais. No fragmento que destacamos abaixo fica evidente a preocupação de Benjamin em recuperar uma dimensão da linguagem totalmente ausente, na grande maioria, dos estudos da linguística de sua época.

> Se essa leitura a partir dos astros, das vísceras e dos acasos era para o primitivo sinônimo de leitura em geral, e se além disso existiram elos mediadores para uma nova leitura, como foi o caso das runas, pode-se supor que o dom mimético, outrora o fundamento da clarividência, migrou gradativamente, no decorrer dos milênios, para a linguagem e para a escrita, nelas produzindo um arquivo completo de semelhanças extra-sensíveis. Nessa perspectiva, a linguagem seria a mais alta aplicação da faculdade mimética: um *medium* em que as faculdades primitivas de percepção do semelhante penetraram tão completamente, que ela se converteu no *medium* em que as coisas se encontram e se relacionam, não diretamente, como antes, no espírito do vidente ou do sacerdote, mas em suas essências, nas substâncias mais fugazes e delicadas, nos próprios aromas. Em outras palavras: a clarividência confiou à escrita e à linguagem as suas antigas foras no correr da história. (W. Benjamin, 1987a, p. 112)

Inspirado no modelo de leitura dos textos sagrados, Benjamin quer resgatar a mesma dimensão polissêmica da linguagem reivindicada por Bakhtin no contexto da literatura e das trocas verbais no cotidiano, dimensão essa que, segundo ele, deteriorou-se e perdeu seu espaço por meio do predomínio do uso monológico da linguagem tecnocratizada que se estabeleceu nas relações entre os homens no mundo moderno. Tendo por base a tradição teológico-judaica, e especialmente a tradição mística da cabala, Benjamin irá enfatizar não os preceitos e os dogmas da religião judaica, mas sim um modo de leitura herdado dos textos sagrados. Ocorre que nesses textos a interpretação não busca delimitar um sentido unívoco e definitivo, mas, ao contrário, revela a profundidade ilimitada da palavra divina, o que impede a cristalização e a redução das palavras do texto, qualquer que ele seja, a um único significado.

Não havendo fronteiras no contexto dialógico do mundo das ideias, Benjamin, Bakhtin e Vygotsky podem ser revisitados pelas palavras de Clarice Lispector. Falando sobre essas questões no contexto da produção da escrita, Clarice nos diz:

> Então escrever é o modo de quem tem a palavra como isca: a palavra pescando o que não palavra. Quando essa não-palavra morde a isca, alguma coisa se escreveu. Uma vez que se pescou a entrelinha, podia-se com alívio jogar a palavra fora. Mas aí cessa a analogia: a não-palavra, ao morder a isca, incorporou-a. O que salva então é ler "distraidamente". (Clarice Lispector, 1989, p. 3)

A dimensão metafísica da linguagem

A abordagem místico-teológica da linguagem surge nos escritos de Benjamin desde 1916, quando no ensaio "Sur le langage en général et sur le langage humain" ele propõe um alargamento da dimensão da linguagem a partir de um enfoque metafísico em que ela — a linguagem — não aparece referida a qualquer subjetividade.

Para explicar a dimensão metafísica da linguagem, Benjamin recorre à sua origem bíblica. No início, a palavra não se destinava à comunicação entre os homens, ela se constituía na revelação da essência de um saber que dispensava todas as mediações. No nome, a linguagem comunicava a si própria e de maneira absoluta. Com o pecado original o homem é condenado a usar a palavra como instrumento de comunicação. A consequência imediata disso é a extinção da linguagem adamítica, ao mesmo tempo em que surge o verbo propriamente humano. O verbo divino é substituído pela proposição, graças à qual os homens falam sobre as coisas, atribuindo-lhes, abstratamente, propriedades por meio de atos de julgamento. A queda do homem do paraíso é concomitante ao exílio das coisas, submetidas, assim, à linguagem abstrata dos homens. A profunda tristeza da natureza se revela no divórcio instituído a partir desse momento entre as palavras e as coisas. Para Benjamin (1977), o saber mediatizado por abstrações proposicionais inaugura uma espécie de conhecimento do mundo por meio da conversa vazia ou, como ele propriamente denominou, da *tagarelice*.

O castigo a que o homem é submetido por meio do pecado original pode ser compreendido como a própria maldição semântica, ou seja, o homem se vê condenado a dar sempre um sentido às coisas. A perda da linguagem pura simboliza a perda do saber perfeito. O abandono do nome é concomitante ao surgimento da necessidade de comunicar algo exterior ao próprio nome. Com isso a palavra não expressa mais, não é mais o lugar da emergência da essência espiritual, mas meio de comunicar conteúdos e transmitir informações, quer dizer, comunicar algo exterior à própria linguagem, articulando símbolos e conceitos. Nesse momento deparamo-nos com os primórdios da constituição da *cultura*.

Para que a teoria ontoteológica de Benjamin seja plenamente compreendida, é fundamental termos em mente que ela é uma crítica às teorias formalistas e positivistas, que privilegiam a dimensão utilitarista e instrumental da linguagem, ou seja, seu papel de transmissão de conteúdos. Na visão de Benjamin, existe algo na linguagem que é comunicável, mas não é a própria linguagem, não se identifica com os conteúdos da linguagem, mas nela se manifesta. Benjamin (1977) afirma que tudo o que existe, seja de natureza animada ou inanimada, acontecimento ou coisa, comunica e expressa sua essência espiritual. Assim, com base numa abordagem metafísica da linguagem, Benjamin propõe sua extensão para além dos limites do propriamente humano, para assim fundamentar a existência de uma essência espiritual que se manifesta na linguagem. Desse modo, a grande questão metafísica que a teoria da linguagem de Benjamin nos coloca é que, se no homem a essência espiritual é igual à essência linguística, toda essência espiritual é linguística. Essa é uma questão primeira para uma filosofia da linguagem cujo conceito-chave está na noção de revelação. Para a noção de revelação, a plena expressão é igual à plena espiritualidade. A metafísica da linguagem de Benjamin é a tentativa de uma compreensão do mundo físico na sua dimensão semântica. Essa dimensão semântica do mundo dos objetos, ilustrada também por Pasolini através do poder da imagem em encarnar a presença do invisível, encontra nas palavras de Clarice Lispector a dimensão de dizer em palavras o que é indizível, ou seja, penetrar com palavras o sentido que emana do mundo dos objetos.

> Não posso ficar olhando demais um objeto senão ele me deflagra. Mais misteriosa do que a alma é a matéria. Mais enigmática que o pensamento é a "coisa". A coisa que está às mãos milagrosamente concreta. Inclusive, a coisa é uma grande prova do espírito. Palavra também é coisa — coisa volátil que eu pego no ar com a boca quando falo. Eu a concretizo. A coisa é a materialização da área energia. Eu sou

um objeto que o tempo e a energia reuniram no espaço. As leis da física regem meu espírito e reúnem em bloco visível o meu corpo de carne. (Clarice Lispector, 1978, p. 101)

Pasolini (1990) reafirma esse olhar crítico que dialoga com os objetos e descobre nas próprias coisas as marcas do mundo, entendidas como signos linguísticos. Para ele, a realidade, no seu fazer-se imediato, no seu presente, está na linguagem das coisas e não pode ser senão vivida nessa experiência existencial direta, concreta, dramática e corpórea.

Não vou jamais me cansar de repetir: eu, quando falo com você, posso até ter a fora de esquecer, ou de querer esquecer, o que me foi ensinado com as palavras. Mas não posso jamais esquecer o que me foi ensinado com as coisas. Portanto, no âmbito da linguagem das coisas, é um verdadeiro abismo que nos separa: ou seja, um dos mais profundos saltos de geração que a história possa recordar. Aquilo que as coisas com sua linguagem me ensinaram é absolutamente diferente daquilo que as coisas com sua linguagem ensinaram a você. Não mudou, porém, a linguagem das coisas, caro Gennariello: são as próprias coisas que mudaram. E mudaram de maneira radical.

Posso tentar desafinar, ou pelo menos colocar em dúvida, o que te ensinam os pais, professores, televisões, jornais e, principalmente, os meninos da tua idade. Mas sou absolutamente impotente contra o que te ensinaram e te ensinam as coisas. Sua linguagem é inarticulada e absolutamente rígida; é portanto inarticulado e rígido o espírito do teu aprendizado e das opiniões não-verbais que se formaram em você através desse aprendizado. Nesse particular somos dois estranhos, que nada pode aproximar. (Pasolini, 1990, p. 131)

Num momento histórico em que a linguagem verbal é inteiramente esterilizada e tecnocratizada, a linguagem das coisas e dos comportamentos assume uma importância decisiva na plena expressão da realidade. Realidade para Pasolini tudo aquilo que não esteja impregnado de *artificialismo*, valores *falsos* e *irreais* difundidos pela civilização burguesa e que condicionam os indivíduos a responder de acordo com o padrão imposto pelo novo poder industrial. Pasolini acrescenta que a cultura de uma nação se exprime hoje sobretudo através da linguagem física, pois a linguagem verbal, ao ter se tornado completamente convencional, sofreu um vertiginoso empobrecimento, tornando inútil seu potencial essencialmente expressivo diante da avassaladora hegemonia da linguagem puramente comunicativa e instrumental. Cada dia o mundo vai se tornando mais e mais inexpressivo, sem particularidades, sem diversidade cultural, enfim, perfeitamente padronizado e aculturado. A civilização imposta pelo poder industrial e pela ideologia do consumo está conseguindo deformar e remodelar a consciência das pessoas de uma forma brutal. Um verdadeiro genocídio, nos diz Pasolini, está sendo cometido pela civilização industrial do consumo, que, aniquilando o pluralismo cultural, o substitui por uma cultura monolítica de massa.

A proposta que emerge dessa concepção ampliada de linguagem a aprendizagem de uma linguagem pedagógica das coisas que nos permita resgatar a compreensão crítica da realidade contemporânea. De posse de tal linguagem, seria então possível recuperarmos um olhar sensível sobre o mundo, procurando o lugar do refúgio do sagrado, ou seja, aquilo que faz um rosto, uma paisagem ou um objeto nos falar. Ir em busca do invisível que se esconde e se presentifica na linguagem-imagem das coisas; é com este olhar que Clarice Lispector permite-nos entender a sua "Caixa de prata".

> Nunca lhe ocorreu ter pena de um objeto? Tenho uma caixa de prata de tamanho médio e sinto por ela piedade. Não sei o que nesse silente objeto imóvel me faz entender-lhe a solidão e o castigo da eternidade. Não ponho nada dentro da caixa para que ela não tenha carga.
> E a tampa pesada encerra o vazio. Eu sempre ponho flores nas suas vizinhanças para que elas suavizem a vida-morte da caixa — as flores são também uma homenagem ao artesão anônimo que esculpiu em pesada prata de lei uma obra de arte. (Clarice Lispector, 1978, p. 112)

Para Benjamin, perceber a aura de uma coisa significa investi-la do poder de revidar o olhar. Mas, para isso, é preciso dedicar um olhar às coisas do mundo, que evidencie a fora e a atmosfera que delas emanam. Mas no capitalismo não há espaço para esse tipo de experiência sensível — aprender a ver o que não se estampa de imediato. Contudo é essa atitude, esse respeito pelas coisas, que nos permite desenvolver uma ética do olhar que penetre a fetichização da realidade no mundo moderno. A linguagem pedagógica das coisas nos ensina um novo modo de nos acercarmos da verdade que se refugia nos objetos, nas paisagens, nos rostos das pessoas, recuperando, assim, um modo crítico de se apreender as consequências positivas e negativas do progresso e da civilização na vida do homem contemporâneo. Essa nova ética do olhar busca fundar uma ciência dos valores da expressão ou da recriação das emoções na apreensão crítica na construção do conhecimento.

Imaginação e infância na mediação entre a experiência sensível e a racionalidade possível

Benjamin, enfrentando a questão das possibilidades e dos limites do conhecimento por meio da experiência, encontra em Kant seu interlocutor fundamental. Em seu artigo de 1918, "Sur le programme de la philosophie qui vient", Benjamin propõe um alargamento do conceito de experiência com base na concepção limitada e empobrecida que Kant apresentava desse conceito, quer dizer, a experiência pensada nos limites da estrutura do conhecimento científico. Desse modo, ao ampliar a noção de experiência, Benjamin quer que a questão da *verdade* seja pensada numa outra dimensão. Nessa perspectiva, opondo-se a Kant, a compreensão do conceito de experiência é colocada nos termos de uma *experiência transcendental*. Para Benjamin, *transcendental* é uma experiência que só a linguagem sustenta, uma espécie de *experimentum linguae* no sentido restrito do termo, onde aquilo que se constata é a linguagem ela mesma. (Agamben, 1989)

A expropriação da experiência no mundo moderno relaciona-se profundamente com o projeto da ciência contemporânea. A ciência moderna, ao desautorizar a credibilidade da experiência tradicional, instaurou a fragmentação entre o racional e o sensível, entre o uno e o múltiplo, entre o humano e o divino. Uma das consequências disso foi a exclusão da imaginação dos limites da experiência, ocasionando um irremediável empobrecimento das formas de se chegar ao conhecimento. Uma vez que imaginação, desejo e paixão estão estreitamente relacionados, cindir imaginação e experiência colocar de um lado o desejo e a paixão e do outro a necessidade. Esfacelada essa unidade da dimensão humana, como recuperar a experiência pura que se expressa diferentemente da racionalização científica? Ou melhor, como recuperar a imaginação como mediadora entre a experiência sensível e o intelecto possível?

Tanto Vygotsky (1987) quanto Bakhtin (1985) manifestam-se em perfeita sintonia com as ideias de Benjamin em relação ao papel fundamental da imaginação na constituição do conhecimento. Esses autores questionam o critério vulgar que traça uma fronteira impenetrável entre fantasia e realidade ou entre paixão e razão. Na perspectiva do senso comum, imaginação e fantasia se fundem com o irreal, com aquilo que não se ajusta à realidade e que, portanto, carece de valor prático e de racionalidade. Essencialmente, esclarece Vygotsky, essa definição pode ser contestada quando admitimos que a imaginação, sendo a base de toda atividade criadora, manifesta-se por igual em todos os aspectos da vida cultural, possibilitando a criação artística, científica e técnica. Nesse sentido, tudo que nos rodeia e tenha sido criado pela mão do homem, todo o mundo da cultura (com exceção do mundo da natureza), tudo é produto da criação e da imaginação humana. Portanto, diz Vygotsky, todos os objetos da vida diária, sem excluir os mais simples e habituais, são como *fantasias cristalizadas*.

Vygotsky (1987b) também questiona a investigação da atividade criadora do homem com base numa abordagem que se limita a estudar a criação a partir da obra de alguns gênios ou talentos especiais. Sem deixar de reconhecer o valor especial da criação realizada por alguns autores, artistas ou cientistas, Vygotsky diz que semelhante abordagem, tomada a partir desse único prisma, é totalmente injusta e limitada. Para formular uma teoria psicológica da atividade criadora e compreender o papel da imaginação nesse processo, é preciso, antes de mais nada, ultrapassar essa concepção limitada e mitificadora da atividade criativa como obra de poucos indivíduos iluminados.

Para Vygotsky, a criação existe não apenas como origem dos acontecimentos históricos, mas também como processo onde o ser humano imagina, combina, modifica e cria algo novo, por insignificante que essa novidade pareça ao ser comparada com as realizações dos grandes gênios. Acrescentando-se a isso a existência da criação coletiva, que reúne todas as realizações anônimas da criação individual, Vygotsky (1987b) sugere uma compreensão teórica da atividade criadora como algo que extrapola a criação subjetiva e individual de um único sujeito. Para ele, o principal elemento da atividade criadora está nas relações sociais, pois são elas que vivificam e alimentam a constituição da arte, da ciência e das técnicas. Portanto a compreensão do papel da imaginação e da atividade criadora no homem por uma teoria psicológica só faz sentido quando concebemos esse aspecto da ação humana mais como regra do que como exceção.

Para melhor compreendermos o papel da imaginação na constituição da realidade, encontramos em Vygotsky um caminho que nos leva a observar a relação da criança e seus jogos. Na experiência da criança não há limites rígidos entre imaginação e realidade; a forma peculiar com que a criança é capaz de lidar com o mundo objetivo nos permite uma compreensão mais profunda dos mecanismos da atividade criadora no homem.

Na infância, a imaginação, a fantasia, o brinquedo não são atividades que podem se caracterizar apenas pelo prazer que proporcionam. Para a criança, o brinquedo preenche uma necessidade; portanto a imaginação e a atividade criadora são para ela, efetivamente, constituidoras de regras de convívio com a realidade. Mas se em seus jogos as crianças reproduzem muito daquilo que experimentam na vida diária, as atividades infantis não se esgotam na mera reprodução. Isso porque as crianças não se limitam apenas a recordar e reviver experiências passadas quando brincam, mas as reelaboram criativamente, combinando-as entre si e edificando com elas novas possibilidades de interpretação e representação do real, de acordo com suas afeições, suas necessidades, seus desejos e suas paixões. A criança, ao inventar uma história, retira os elementos de sua fabulação de experiências reais vividas anteriormente, mas a combinação desses elementos constitui algo novo. A novidade pertence criança sem que seja mera repetição de coisas vistas ou ouvidas. Essa faculdade de compor e combinar o antigo com o novo, tão facilmente observada nas brincadeiras infantis, é a base da atividade criadora no homem.

Sem dúvida, podemos afirmar que a imaginação é uma experiência de linguagem. Elias Canetti (1989) ilustra muito propriamente esse fato numa passagem autobiográfica de sua infância em que a atividade criadora da criança se revela através do seguinte jogo de linguagem:

> Em casa, eu costumava brincar sozinho no quarto das crianças. Na verdade, brincava pouco, pois me dedicava a falar com o papel de parede. O padrão do papel de parede, com muitos círculos escuros, me parecia gente. Inventava histórias em que eles intervinham, ou lhes contava histórias, ou

brincava com eles; nunca me cansava das pessoas do papel de parede, e podia me distrair com elas durante horas. Quando a governanta saía com meus dois irmãozinhos, me agradava ficar só com aquelas figuras. Preferia sua companhia a qualquer outra, em todo caso, mais do que a dos irmãozinhos, que sempre provocavam tolas complicações, como as traquinices de Nissim. Quando os pequenos estavam por perto, eu só sussurrava com as pessoas do papel de parede; se a governanta estava presente, contava minhas histórias a mim mesmo, sequer movendo os lábios. Mas quando saíam do quarto, eu esperava um pouco e então me abandonava. Logo começava a animação, que era grande pois tentava persuadir os personagens do papel de parede a empreender feitos heróicos, manifestando-lhes meu desagrado quando recusavam. Eu os incitava, os insultava; sentia um certo medo de estar a sós com eles, mas tudo eu atribuía a eles, de maneira que eram eles os covardes. Mas eles também me acompanhavam nos jogos e tinham oportunidade de se manifestar. Havia um círculo, num lugar especialmente vistoso, que me retrucava com eloqüência própria, e não era uma vitória nada desprezível quando conseguia convencê-lo. (Canetti, 1989, pp. 48-49)

Nesse fragmento literário de Elias Canetti, fica um belo registro de como a linguagem, no brinquedo, significa sempre necessidade de libertação e criação. Se é no real que a criança procura os elementos constitutivos de sua imaginação, suas histórias, embora fantasias, não deixam de ser expressão de uma realidade possível. A imaginação da criança trabalha subvertendo a ordem estabelecida pois, impulsionada pelo desejo e pela paixão, ela está sempre pronta para mostrar uma outra possibilidade de apreensão das coisas do mundo e da vida.

Benjamin, ao destacar essa espécie de olhar cinematográfico que a criança revela, mostra-nos, também, com grande sensibilidade e beleza como os objetos se tornam para ela um reino de enigmas que podem ser decifrados em diversas direções. O sensorial, frequentemente empobrecido na experiência dos adultos, torna-se para a criança uma realidade que anula a diferença entre objetos inanimados e seres vivos. Contrapondo-se ao mundo dos adultos, a criança vai em busca de outros aliados. Estes são encontrados mais facilmente no mundo dos fenômenos. Invertendo a ótica daqueles que a cercam, apropria-se com interesse e paixão de tudo que é abandonado pelos mais velhos. Aprende a *fazer história do lixo da história*.

Canteiro de obras. Meditar com pedantismo sobre a produção de objetos — cartazes ilustrados, brinquedos ou livros — que devem servir às crianças é estúpido. Desde o iluminismo isto constitui uma das mais rançosas especulações dos pedagogos. A sua obsessão pela psicologia impede-os de perceber que a terra está repleta dos mais incomparáveis objetos da atenção e da ação das crianças. Dos mais específicos. É que as crianças são especialmente inclinadas a buscar todo local de trabalho onde a atuação sobre as coisas se dê de maneira visível. Elas se sentem irresistivelmente atraídas pelos destroços que surgem da construção, do trabalho no jardim ou em casa, da atividade do alfaiate ou do marceneiro. Nesses restos que sobram elas reconhecem o rosto que o mundo das coisas volta exatamente para elas, e só para elas. Nesses restos elas estão menos empenhadas em imitar as obras dos adultos do que em estabelecer entre os mais diferentes materiais, através daquilo que criam em suas brincadeiras, uma nova e incoerente relação. Com isso as crianças formam seu próprio mundo de coisas, mundo pequeno inserido em um maior. Dever-se-ia ter sempre em mente as normas desse pequeno mundo quando se deseja criar premeditadamente para as crianças e não se prefere deixar que a própria atividade — com todos os seus requisitos e instrumentos — encontre por si mesma o caminho até elas. (W. Benjamin, 1984, pp. 77-78)

Nesse fragmento, fica evidente como, na abordagem benjaminiana, a infância ocupa um lugar de destaque no restabelecimento da relação entre experiência e linguagem, suscitando uma reflexão tanto sobre os limites da linguagem quanto sobre o empobrecimento da experiência no mundo moderno.

Infância como recuperação da pura expressão

Agamben (1989), inspirado nas ideias benjaminianas, formula uma série de questões instigantes, relacionando infância, linguagem e experiência e se indaga:

> Como recuperar a experiência original pura, não contaminada por uma forma instrumental de ver e se relacionar com o real? Como encontrar algo parecido com uma "infância da experiência"? E como relacionar essa "infância da experiência" com a linguagem?

Sobre a concepção de *experiência transcendental*, definida por Benjamin como uma experiência que só a linguagem sustenta, Agamben continua:

> O que pode ser uma experiência que só a linguagem sustenta? Em se tratando da linguagem, como experimentar o puro fato de que falamos, ou melhor, de que existe linguagem?

A infância se constitui num *experimentum linguae* desse gênero, quer dizer, de acordo com Agamben, ela é entendida como possibilidade de recuperação da pura expressão. É na infância que se constitui a necessidade da linguagem e, para penetrar na corrente viva da língua, a criança deve operar uma transformação radical, ou seja, transformar a experiência sensível (semiótica) em discurso humano (semântica). Em outras palavras, a infância é o momento em que a linguagem humana emerge como significação, pois é na fala da criança que acontece a passagem do signo linguístico para a ordem do sentido — da semiótica para a semântica. Nessa abordagem, a infância não é apenas uma etapa cronológica na evolução do homem que possa ser estudada — quer seja por uma biologia quer por uma psicologia — como fato humano independente da linguagem. Sendo um momento na história do homem, que se repete eternamente, manifesta, nesse eterno retorno, aquilo que essencialmente permanece como fato humano. É nesse sentido que uma tal concepção de infância não é algo que possa ser compreendido antes da linguagem ou independentemente dela, pois é na linguagem e pela linguagem que o homem constitui a cultura e a si próprio. Assim sendo, não é fora da linguagem que devemos procurar os limites da linguagem, mas na linguagem mesma; entretanto fazer uma experiência desse gênero só é possível onde as palavras desaparecem nos lábios. Essas ideias ressonam e se ampliam nas palavras de Clarice Lispector, pois, para ela, a palavra esquecida e ao mesmo tempo almejada é um passo atrás em direção à pura expressão.

> O pré-pensamento é um preto e branco. O pensamento com palavras tem cores outras. O pré-pensamento o pré-instante. O pensamento é o passado imediato do instante. Pensar é a concretização, materialização do que se pré-pensou. Na verdade o pré-pensar o que nos guia, pois está intimamente ligado à minha muda inconsciência. O pré-pensar não é racional. É quase virgem.

Às vezes a sensação de pré-pensar é agônica: é a tortuosa criação que se debate nas trevas e que só se liberta depois de pensar — com palavras. (Clarice Lispector, 1978, p. 17)

A materialização da pura expressão em palavras, tal como Clarice Lispector nos descreveu, guarda profundas analogias com a experiência do desenvolvimento da linguagem na criança apresentada por Vygotsky. Quer seja através da sensível expressão literária de Clarice, da filosofia da linguagem de Benjamin quer da teoria psicológica de Vygotsky, podemos apreender, com igual profundidade, aquele momento da vida em que o indizível pode ser experimentado como algo superlativamente dizível. Essas abordagens, embora apresentando modos de explicitação diferentes, buscam igualmente encontrar aquilo que a linguagem deve significar, eliminando, assim, o indizível da linguagem.

Para Agamben, o signo existe quando é reconhecido como significante pelo conjunto dos membros de uma dada comunidade linguística; portanto ele é o fundamento da realidade da língua, quer dizer, uma propriedade da língua apreendida pelo sujeito. A semântica só existe na emergência momentânea do discurso, cujos elementos, logo após proferidos, recaem na pura língua, são recolhidos na dimensão muda dos signos. Agamben, ao reconhecer e ressaltar essa indiscutível cisão da língua, indaga-se pelas consequências desse fato: "Por que a linguagem humana apresenta essa cisão? O que comporta originalmente essa separação? Por que a linguagem tem uma dupla significação?"

A resposta que esse autor encontra para essas questões pode ser vista como um tópico primeiro para uma teoria geral da cultura e da infância. Agamben retoma a dupla significação da linguagem não como duas realidades substanciais, mas como dois limites transcendentais que definem a infância do homem. A criança se constitui como sujeito na linguagem e pela linguagem, mas para isso é necessário que ela ultrapasse a pura língua transformando-a em discurso. Dito de outro modo, uma vez que existe uma infância e que nela o homem não é um falante desde o início, a semiótica, segundo Agamben, pode ser vista como a etapa pré-babélica da língua da qual o homem participa para entrar na babelização semântica.

Para Agamben, a dualidade da espécie humana que se explicita na herança da língua natural — como código genético — e na herança da tradição cultural, transmitida por veículos não genéticos, é uma dualidade já inscrita na língua. Portanto, acrescenta ele, o que caracteriza a linguagem humana não é pertencer a uma ou a outra esfera, mas a sua posição entre as duas. Uma vez que a linguagem está instalada nessa cisão inevitável entre a herança genética e cultural, ela deve, necessariamente, comportar uma estrutura que permita a passagem de uma a outra. Nesse sentido, Agamben concebe a natureza e a cultura como dois aspectos distintos que, ao entrarem em ressonância na linguagem, comunicam-se entre si e permitem a transformação do mundo fechado do signo em mundo aberto da expressão semântica. A linguagem humana, diz Agamben, é o único sistema de signos composto de elementos (os fonemas) que são, ao mesmo tempo, significantes e sem significado, precisamente porque são elementos que servem à passagem da semiótica à semântica. É nessa passagem que vão sendo inscritos os códigos da cultura.

Ora, no mundo atual, regido pelas transformações tecnológicas e pela civilização industrial do consumo, predomina uma forte tendência à homogeneização da experiência sensível, que dessa forma vai sendo solapada e aniquilada desde muito cedo. A cultura monolítica de massa, que padroniza e enrijece as formas cotidianas de relacionamento entre os homens, é responsável pelo vertiginoso empobrecimento da experiência humana, impedindo as pessoas de romper com seus impasses repetitivos e de recompor uma visão ético-estética do cotidiano.

A obra de Benjamin é uma espécie de denúncia que vai se expandindo em cada um de seus ensaios e abordando, de forma sempre mais ampla e profunda, uma questão que permanece como fio condutor de sua crítica fundamental ao mundo moderno — a transformação generalizada dos seres humanos em bonecos automatizados. A percepção aguda e desesperançosa do caráter mecânico, uniforme e vazio da vida na sociedade industrial é a preocupação que conduz suas ideias. O autômato, dominado pela mercadoria, vive o universo da repetição, da mesmice disfarçada em novidade. A falta de acontecimentos memoráveis torna cada vez mais difícil a tradução dos fatos da vida em experiências narráveis. Para Benjamin, isso é o que define o caráter da modernidade.

Desenvolvendo uma concepção de infância em estreita relação com a linguagem, essa abordagem teórica nos permite encontrar um método capaz de nos levar a uma compreensão crítica da história e da cultura de nossa época. Isso significa admitir a *infância* e a *linguagem* como paradigmas que rompem com a reificação das ciências humanas, possibilitando que essa área do saber recupere sua dimensão crítica no enfrentamento das contradições que marcam as sociedades capitalistas deste final de milênio.

Messianismo, marxismo e história

As preocupações espiritualistas e místicas que encontramos em Benjamin são assimiladas, por mais paradoxal que isso possa parecer, é sua perspectiva marxista. Löwy (1989) assinala que é a partir de 1924 que o marxismo torna-se, cada vez mais, um componente crucial de sua visão de mundo. Entretanto esse autor acrescenta também que o materialismo histórico não substituiu suas antigas convicções românticas, espiritualistas e libertárias, mas se amalgamou com elas, constituindo uma figura de pensamento singular e única. Para Löwy (1989), a consequência profana do messianismo de Benjamin é ter conseguido conferir uma qualidade subversiva única aos seus escritos sobre a linguagem. Nesse sentido, ele considera que a dimensão religiosa de Benjamin não é uma fuga do político para o místico, mas uma forma de buscar um desvio absoluto que permitirá que a utopia subverta os jogos políticos clássicos.

A polêmica gerada em torno da conciliação do marxismo com as concepções messiânicas da história irá destacar Benjamin como um renovador da estética marxista. Sua insatisfação com a ortodoxia da variante stalinista do comunismo fez com que ele formulasse uma interpretação do materialismo histórico radicalmente diferente dos rumos tomados pela vulgarização do pensamento marxista gerada pela ortodoxia da Terceira Internacional.

A característica mais profunda destacada por Löwy (1989) na obra de Benjamin é uma nova concepção de história que nele atinge a mais alta expressão filosófica. Rompendo com a abordagem teleológica e causalística presente no marxismo vulgar, Benjamin irá ressaltar que a história não é um movimento contínuo e linear, mas marcada por rupturas que apontam sempre para a possibilidade de tudo ser diferente do que efetivamente é. Segundo Konder (1988), Benjamin não queria apenas que o historiador partisse do condicionamento presente para investigar o passado, mas que cultivasse uma consciência mais ampla de que todo o passado está carregado de possibilidades de futuro, cuja significação é decisiva no encaminhamento de nossa história. Recordar algo vivido não basta, pois o acontecimento, enquanto permanece encerrado na esfera do vivido, é finito, limitado. Só quando o vivido elucida, de algum modo, o que ocorreu antes e o que aconteceu depois, é que ele pode se tornar ilimitado. O sentido da história vem sempre da ação dos homens e não pode ser pensado como dado antes de os sujeitos agirem. O homem é sempre capaz de surpreender e é por isso que ele pode reverter a ordem estabelecida e institucionalizada, ou seja, interferir nos caminhos da história de seu tempo escovando a história a contrapelo.

Para Benjamin, a tarefa do historiador materialista é mostrar que o passado comportava outros futuros além daquele que realmente ocorreu, pois a "história não é o lugar de um tempo vazio e homogêneo, mas de um tempo saturado de agoras". Concebendo o tempo no seu entrecruzamento entre passado, presente e futuro, Benjamin quer recuperar uma compreensão do presente que não seja a mera expressão de um intervalo entre o passado e o futuro. É com base nessa concepção não linear de tempo e história que Benjamin apresenta os argumentos que propiciam uma oposição radical ao materialismo vulgar da social-democracia e do stalinismo, que aceitavam a ideia de que o progresso econômico conduz de forma automática à crise do capitalismo e à vitória do proletariado. Essa crítica alcança sua expressão mais radical ao longo das suas famosas "Teses sobre o conceito de história", nas quais Benjamin irá afirmar que o materialismo histórico não tem saída se ousar prescindir do espírito messiânico.

> Conhecemos a história de um autômato construído de tal modo que podia responder a cada lance de um jogador de xadrez com um contralance, que lhe assegurava a vitória. Um fantoche vestido à turca, com um narguilé na boca, sentava-se diante do tabuleiro, colocado numa grande mesa. Um sistema de espelhos criava a ilusão de que a mesa era totalmente visível, em todos os seus pormenores. Na realidade, um anão corcunda se escondia nela, um mestre no xadrez

que dirigia com cordéis a mão do fantoche. Podemos imaginar uma contrapartida filosófica desse mecanismo. O fantoche chamado "materialismo histórico" ganhará sempre. Ele pode enfrentar qualquer desafio, desde que tome a seu serviço a teologia. Hoje, ela é reconhecidamente pequena e feia e não ousa mostrar-se. (Benjamin, 1987a, p. 222)

Para Gagnebin (1982) é absolutamente notável o fato de Benjamin passar do registro teológico ao registro materialista e vice-versa, considerando difícil aceitar qualquer interpretação que tente escamotear uma corrente de pensamento em proveito de outra. As teses sobre o conceito de história, última obra deixada por Benjamin, conferem uma prova irrefutável a essa análise de Gagnebin. Nelas, Benjamin recorre deliberadamente tanto à tradição messiânica judaica quanto à historiografia materialista e marxista, tornando portanto ilegítima qualquer separação arbitrária entre sua trajetória espiritual e um suposto momento posterior, em que suas posições marxistas seriam desvinculadas e desarticuladas de sua intuição mística. É exatamente essa aparente contradição que irá conferir aos escritos de Benjamin um registro crítico extremamente original, inaugurando desse modo uma nova forma de discutir os problemas teóricos e práticos que o marxismo enfrentava e ainda enfrenta nos dias atuais.

A proposta de Benjamin, embora possa também ser vista como uma espécie de nostalgia utópica de reconciliação do homem com ele mesmo, com a sociedade e com a natureza, mostra também e fundamentalmente, que é na linguagem que podemos encontrar um caminho para o confronto dos limites entre conhecimento e verdade, trazendo, obviamente, essas categorias para um diálogo fecundo no interior das ciências humanas. Essa contribuição, que em Benjamin alcança uma construção teórica ousada e excêntrica, encontra uma harmonia promissora com as ideias de Bakhtin e Vygotsky, fazendo com que esses três autores apontem na direção de uma crítica articulada e solidamente fundamentada das limitações dos paradigmas cientificistas na construção do conhecimento no mundo atual.

AINDA UMA VEZ...

> *Culpa e felicidade manifestam-se na vida das crianças com mais pureza do que mais tarde, pois todas as manifestações da vida infantil não pretendem outra coisa senão conservar em si sentimentos essenciais.*
>
> Walter Benjamin

A questão que permeou e permeia nossas inquietações mais imediatas é a constatação de que o homem cada vez mais se afasta de suas necessidades essenciais em troca de necessidades *fabricadas* pela sociedade de consumo. Para Pasolini (1989), a ânsia do consumo encerra uma ânsia de obediência a uma ordem não enunciada. Cada um quer ser igual aos outros no consumir, no ser feliz, no ser livre, pois essa é a ordem a que inconscientemente todos obedecem, sob pena de se sentirem infelizes por ser diferentes. A subjetividade capitalista subjuga o desejo de singularizar; a diferença hoje é considerada um delito. Essa decadência dos valores especificamente humanos exige o resgate de uma nova abordagem ética e estética na compreensão crítica da realidade contemporânea.

Mas como alterar de forma radical os relacionamentos cotidianos que hoje reproduzem, como se fosse natural, o embrutecimento das forças criativas, ocasionando um absoluto esvaziamento e distanciamento do homem de si próprio, da natureza e dos outros homens? Como orientar a reinvenção do *tecido social*, através do qual a reconstrução de novas formas de convívio na sociedade podem e devem ser estimuladas? Como discutir e intervir na constituição da subjetividade tendo em vista um sistema social, político, cultural e econômico que reproduz o novo fascismo do mundo capitalista pós-industrial — *o fascismo do consumo*? Como resgatar o encantamento de um mundo que foi desencantado pela racionalidade formalizadora, a qual abriu caminho para a neutralização do real e a dessacralização da vida?

Responder a essas questões é enfrentar um dilema básico entre dois tipos de escolhas que nos atravessam cotidianamente: escolhas que nos conduzem a reificação, objetivação ou cientifização da subjetividade, desencadeadas pelo fenômeno da alienação, ou escolhas que nos conduzem a uma nova ética do olhar sobre as coisas do mundo moderno, rompendo definitivamente com o confinamento da espécie humana a um mundo repetitivo e banalizado pelo *fascismo do consumo*. Esse olhar ético, forjado pelo desejo de se acreditar na possibilidade de reatar a ligação do homem com a vida, conduz, inevitavelmente, a uma nova estética na constituição da subjetividade, esta orientada propriamente, como diria Guattari, pelo desejo de singularizar, recuperando a consciência crítica e dialógica do homem na sua relação com o cotidiano. Ora, somente esta última escolha nos possibilita lutar contra o *genocídio* que vem sendo silenciosa e sutilmente impingido pela civilização do consumo e pela expansão do capitalismo mundial integrado.

Com Benjamin, Vygotsky, Bakhtin, Pasolini e Clarice Lispector, procuramos fazer as ciências humanas transitarem de seus paradigmas cientificistas para os paradigmas ético-estéticos, buscando elucidar, com base nas ideias que expusemos, uma ciência dos valores da ação e uma ciência dos valores da expressão, da emoção e da criação humanas. Para alcançarmos esse objetivo, buscamos definir, com a ajuda desses autores, uma concepção de linguagem e de infância que fosse capaz de ocupar um lugar de destaque na ressignificação do sentido da vida moderna e de suas contradições, evitando qualquer ilusão progressista ou qualquer visão sistematicamente pessimista, pois o progresso da técnica, imperativo da vida moderna, não pode ser julgado *a priori*, nem positiva nem negativamente. O importante é não confundir o desenvolvimento da ciência e da técnica com o desenvolvimento da humanidade como tal, pois o primeiro oculta e mascara as regressões da sociedade, dificultando a compreensão das periódicas recaídas na barbárie das diferentes formas de fascismos e stalinismos, denunciadas por Benjamin de modo exemplar.

Considerando a diversidade dos modos de semiotizar o real no mundo moderno, torna-se prioritário recusar as imposições que a criança sofre, desde muito cedo, aos valores, às significações e aos comportamentos dominantes, preservando assim a possibilidade de ela se reapropriar dos componentes da singularização e resistir, peremptoriamente, a toda subjetividade da equivalência generalizada.

Ao negarmos uma compreensão da criança que a desqualifica como alguém incompleto, quer dizer, alguém que se constitui num *vir a ser* distante no futuro, privilegiamos situá-la no espaço em que o tempo se entrecruza entre presente, passado e futuro, rompendo, desse modo, com a noção de tempo vazio e linear que flui numa direção única e preestabelecida. A criança não se constitui no amanhã: ela é hoje, no seu presente, um ser que participa da construção da história e da cultura de seu tempo. Desse modo, as questões de infância, linguagem, experiência e temporalidade são aqui retomadas a partir de parâmetros radicalmente diferentes, possibilitando a construção de um caminho desviante na apreensão crítica das coisas do mundo moderno e das contradições da cultura de nossa época.

O mundo em que a criança vive suas relações com o outro é um "claro-escuro de verdade e engano". Nesse mundo, assegura Kosik (1976), a verdade não é dada, não está acabada, impressa de forma imutável na consciência humana; a verdade é algo que se faz constantemente nas relações sociais e por meio delas. Quando a criança se apropria da linguagem, revelando seu potencial expressivo e criativo, ela rompe com as formas *fossilizadas* e *cristalizadas* de seu uso cotidiano, iniciando um diálogo mais profundo entre os limites do conhecimento e da verdade na compreensão do real.

Em cada geração, diz Lehmann (1986), principalmente na idade contemporânea, aparecem, no mundo das coisas e das técnicas, objetos e materiais que unicamente as crianças são capazes de experimentar como símbolos e arquétipos. A criança está sempre pronta para criar outros sentidos para os objetos que possuem significados fixados pela cultura dominante, ultrapassando o sentido único que as coisas *novas* tendem a adquirir. Sendo capaz de denunciar o *novo no contexto do sempre igual*, ela desmascara o fetiche das relações de produção e consumo. A criança conhece o mundo enquanto o cria e, ao criar o mundo, ela nos revela a *verdade* sempre provisória da realidade em que se encontra. Construindo seu universo particular no interior de um universo maior reificado, ela é capaz de resgatar uma compreensão polifônica do mundo, devolvendo, através do jogo que estabelece na relação com os outros e com as coisas, os múltiplos sentidos que a realidade física e social pode adquirir. Por isso enriquece permanentemente a humanidade com novos mitos.

    Pertencendo ao domínio intermediário entre a conquista da ordem social do mundo dos adultos e o desfiguramento desse mesmo mundo, proporcionado pelo modo irreverente com que ela se expressa no jogo de linguagem, na fantasia e no diálogo com o outro, a criança resiste ao seu enquadramento compulsório num mundo de adultos enrijecidos, além de se constituir na melhor garantia de orientar um outro olhar ético e estético sobre o mundo contemporâneo. Não seria esse o seu principal legado para a história do homem contemporâneo? Sonhando a vida na ação e na linguagem, descontextualizando espaço e tempo, subvertendo a ordem e desarticulando conexões, a infância problematiza as relações do homem com a cultura e com a sociedade. É precisamente essa sua dimensão crítica, frequentemente desprezada como sendo uma visão ingênua, *infantil* e mágica da realidade, que procuramos explorar, destacar e revelar ao longo deste trabalho. Se, como diz Barthes, ouvir a língua fora do poder é ir ao encontro da literatura, acrescentamos a esse seu pensar que com a criança é também possível ouvir a língua, "recuperando o esplendor permanente de uma revolução de linguagem".

> Vida. Era uma vez uma menina dentro da casa. A mãe chegou ela estava morta na mesa. O chão estava cheio de sangue. O quadro da parede estava todo preto e branco. A parede estava toda amarela. A mãe chorou. O pai veio do trabalho e enterrou a menina. Nasceu outra filha e também morreu. O pai chorou. O quadro ficou todo branco. Aí o pai foi

trabalhar. Nasceu outra filha. Daí o pai quando saiu para trabalhar levou ela e ela ficou viva. (Jane, oito anos)[19]

Como num sonho, a criança recupera as coisas e sempre está atenta para formular um outro sentido para a vida real. Mas "o que é a vida real? os fatos? não, a vida real só é atingida pelo que há de sonho na vida real", indaga e afirma Clarice Lispector (1978). Em Dostoievsky, essas ideias aparecem assim:

> Que diferença pretende ver-se entre o sonho e a realidade, se lemos a verdade mais claramente no sonho? Escuta: se alguma vez conheceste a verdade, se a viste, não podes enganar-te, porque sabes que é única; e que importa que a tenhas visto no sonho ou na vida? Pois bem, seja um sonho! Não passa de um sonho! (F. Dostoievsky, 1945, p. 183)

À legitimação exclusiva do conhecimento dito científico, regido pela razão instrumental, respondemos com a necessidade de um saber que questione os limites rígidos da racionalidade técnica, preconizando um tipo de conhecimento que inclua as paixões e as utopias indispensáveis à vida, sem as quais não há humanidade possível. Para alcançar esse objetivo, a criança foi chamada a conduzir nossas reflexões. Com ela — e sobretudo por intermédio dela — buscamos desenvolver um outro modo, a partir do qual as ciências humanas podem reconhecer o valor do heterogêneo, do dissonante, do fragmentário e do descontínuo. Buscamos, assim, encontrar novos paradigmas para interrogar o tempo presente, além de construir uma nova compreensão da realidade e da própria infância, recuperando um outro lugar para a linguagem na construção do conhecimento humano e social e na crítica da cultura e da modernidade.

Do diálogo entre Benjamin, Bakhtin e Vygotsky, destacamos uma preocupação em construir uma nova ética e uma nova estética que, articulando a justiça e o belo na busca da verdade do homem, estabeleça um compromisso entre a razão e a paixão no plano do saber. Mostrando-se a favor de todas as paixões que tornam a vida

---

19. Fragmento do livro *Picolé, Picolé, água pura ninguém quer... Estórias da Rocinha*, Rio de Janeiro, Salamandra, 1983.

mais humana, e recusando toda a racionalidade dominante impregnada de falsos valores, esses autores nos revelam que, toda vez que conseguimos recuperar dispositivos de expressão que escapam ao despotismo do sistema de significações dominantes, estamos justamente lidando com formas altamente elaboradas de relacionar conhecimento e verdade.

Ao terminar este ensaio, no qual tantos caminhos se cruzam e as inquietações e indagações vão se avolumando ao longo da narrativa, resta apenas pedir ao leitor que perdoe a ousadia de tê-lo conduzido numa viagem que não tem rigorosamente um destino, já que ele — o destino — precisa ser encontrado por cada um de nós, todos os dias. Mas não será precisamente esse o encantamento maior da viagem?

BIBLIOGRAFIA

AGAMBEN, G. *Enfance et histoire.* Paris, Payot, 1989.

ARIÉS, P. *História social da criança e da família.* Rio de Janeiro, Guanabara, 1978.

BAKHTIN, M.M. *Discurso na vida discurso na arte.* Tradução C. Tezzo. (Mimeo), s/d.

_____ *Le freudisme.* Paris, L' age d' homme, 1980.

_____ *Marxismo e filosofia da linguagem.* São Paulo, Hucitec, 1981.

_____ "El problema de los géneros discursivos". In: *Estética de la creación verbal.* México, Siglo Veintiuno, 1985a, pp. 248-293.

_____ "El problema del texto en la linguística, la filología y otras ciencias humanas. Ensayo de análisis filosófico". In: *Estética de la creación verbal.* México, Siglo Veintiuno, 1985b, pp. 294-323.

_____ Respuesta a la pregunta hecha por la revista "'Novy Mir'". In: *Estética de la creación verbal.* México, Siglo Veintiuno 1985c, pp. 346-353.

_____ "De los apuntes de 1970-1971". In: *Estética de la creación verbal*. México, Siglo Veintiuno, 1985d, pp. 354-380.

_____ "Hacia una metodología de las ciencias humanas". In: *Estética de la creación verbal*. México, Siglo Veintiuno, 1985e, pp. 381-396.

BARTHES, R. *Aula*, São Paulo, Cultrix, 1989.

BAUDELAIRE, C. *Richard Wagner e "Tannhauser" em Paris*. São Paulo, Imaginário/Edusp, 1990.

_____ *Escritos sobre arte*. São Paulo, Imaginário/Edusp, 1991.

BAVCAR, E. "Sur la présentation de l' histoire dans les 'Theses' de Benjamin". In: *Walter Benjamin et Paris*. Paris, Cerf, 1986.

BENJAMIN, W. "Sur le langage en général et sur le langage humain". In: *Mythe et violence*. Denoël-Gonthier, 1987.

_____ "Sur le programme de la philosophie qui vient". In: *Mythe et violence*. Denoël-Gonthier, 1987.

_____ "Problème de sociologie du langage". In: *L' homme, le langage et la culture*. Denoël-Gonthier, 1971.

_____ "A obra de arte na época de suas técnicas de reprodução. Textos Escolhidos/Walter Benjamin". *Os Pensadores*. São Paulo, Abril Cultural, 1980.

_____ *A origem do drama barroco alemão*. São Paulo, Brasiliense, 1984a.

_____ *Reflexões: A criança, o brinquedo, a educação*. São Paulo, Summus, 1984b.

_____ *Obras escolhidas. Magia e técnica, arte e política*, São Paulo, Brasiliense, 1987a, vol. 1.

_____ *Obras escolhidas. Rua de mão única*, São Paulo, Brasiliense, 1987b, vol. 2.

_____ *Obras escolhidas. Charles Baudelaire: Um lírico no auge do capitalismo*, Brasiliense, 1989b, vol. 3.

_____ *Diário de Moscou*. São Paulo, Companhia das Letras, 1989b.

BENVENISTE, E. "Observaciones sobre la función del lenguaje en el descubrimiento freudiano". *In*: Benveniste, E. *Problemas de linguística general*. Buenos Aires, Siglo Veintiuno, 1974.

BERMAN, M. *Tudo que é sólido desmancha no ar*. São Paulo, Companhia das Letras, 1988.

BLIKSTEIN, I. *Kaspar Hauser ou a fabricação da realidade*. São Paulo, Cultrix, 1985.

BODEI, R. "L' Experience et les formes". *In*: *Walter Benjamin et Paris*, Paris, Cerf, 1986.

BOLLE, W. "Walter Benjamin e a cultura da criança". *In*: Benjamin, W. *Reflexões: A criança, o brinquedo, a educação*. São Paulo, Summus, 1984, pp. 13-16.

BRONCKART, J.R. *Vygotsky aujourd'hui*. Paris, Delachaux et Niestlé, 1985.

BURGER, P. "Walter Benjamin: Contribuition à une theorie de la culture contemporaine". *Revue d' Esthétique*, n. 1, 1981.

CALVINO, I. *Seis propostas para o próximo milênio*. São Paulo, Companhia das Letras, 1990.

CANETTI, E. *A língua absolvida*. São Paulo, Companhia das Letras, 1989.

CARROLL, L. *Through the looking glass*. Inglaterra, Puffin Books, 1975.

_____ *Alice no país das maravilhas*. São Paulo, Ática, 1982.

COPIT, M.S. & PATTO, M.H.S. "A criança: Objeto na pesquisa psicológica". *Cadernos de Pesquisa*. São Paulo, Fundação Carlos Chagas, n. 31, dez. 1975.

DELEAU, M. "Actualité de la notion de médiation sémiotique de la vie mentale". *Enfance*, tomo 42, 1-2/1989, pp. 31-38.

DELEUZE, G. *Proust e os signos*. Rio de Janeiro, Forense Universitária, 1987.

_____ "Les conditions de la question: Qu' est-ce que la philosophie?". *Chimères*, Paris, n. 8, maio 1990.

DELEUZE, G. & GUATTARI, F. *O anti-Édipo.* Rio de Janeiro, Imago, 1976.

DOSTOIEVSKY, F. *O sonho de um homem ridículo.* São Paulo, Clube do Livro, 1945.

EMERSOM, C. "The outer word and inner speech: Bakhtin, Vygotsky, and the internalization of language". *Critical Inquiry,* 10, Dec. 1983, pp. 245-264.

FARACO, C.A. *et alii. Uma introdução a Bakhtin.* Curitiba, Hucitec, 1988.

FOUCAULT, M. *As palavras e as coisas.* Petrópolis, Vozes, 1972.

FRANÇOIS, F. "Langage et pensée: Dialogue et mouvement discursif chez Vygotski et Bakhtine". *Enfance,* tomo 42, 1-2/1989, pp. 39-48.

FREITAG, B. *A teoria crítica ontem e hoje.* São Paulo, Brasiliense, 1988.

GAGNEBIN, J.M. "Walter Benjamin ou a história aberta". In: *Walter Benjamin,* São Paulo, Brasiliense, 1987, pp. 7-19, vol. 1.

_____ *Walter Benjamin: Os cacos da história.* São Paulo, Brasiliense, 1982.

GARCIA-ROZA, L.A. *Palavra e verdade.* Rio de Janeiro, Zahar, 1990.

GOLDMANN, L. *A criação cultural na sociedade moderna.* Lisboa, Biblioteca de Ciências Humanas, Editorial Presença, 1972.

GUATTARI, F. *Revolução molecular: Pulsações políticas do desejo.* Brasiliense, 1987.

_____ *O inconsciente maquínico: Ensaios de esquizo-análise.* Campinas, Papirus, 1988.

_____ *As três ecologias.* Campinas, Papirus, 1990.

_____ *Caosmose.* Rio de Janeiro, Editora 34, 1992.

GUATTARI, F. & ROLNIK, S. *Micropolítica: Cartografias do desejo.* Petrópolis, Vozes, 1986.

HABERMAS, J. "L' actualité de Walter Benjamin. La critique: Prise de conscience ou préservation". *Revue d' Esthétique,* n. 1, 1981.

HELLER, A. *O cotidiano e a história*. Rio de Janeiro, Paz e Terra, 1985.

JAPIASSU, H. *Introdução à epistemologia da psicologia*. Rio de Janeiro, Imago, 1977.

_____ *Questões epistemológicas*. Rio de Janeiro, Imago, 1981.

_____ *Nascimento e morte das ciências humanas*. Rio de Janeiro, Francisco Alves, 1982.

_____ *A revolução científica moderna*, Rio de Janeiro, Imago, 1985.

_____ *Introdução ao pensamento epistemológico*. Rio de Janeiro Francisco Alves, 1988a.

_____ *O estatuto epistemológico das ciências humanas*. (Mimeo), 1988b.

_____ *Psicanálise: Ciência ou contraciência?* Rio de Janeiro, Imago, 1989.

_____ *As paixões da ciência*. São Paulo, Letras & Letras, 1991.

_____ *Saber astrológico: Impostura científica*. São Paulo, Letras & Letras, 1992.

KOBRY, Y. "Benjamin et le langage". *Revue d' Esthétique*, n. 1, 1981.

KONDER, L. *Walter Benjamin: O marxismo da melancolia*. Rio de Janeiro, Campus, 1988.

KOSIK, K. *Dialética do concreto*. Rio de Janeiro, Paz e Terra, 1976.

LAHUD, M. "Pasolini: Paixão e ideologia". *In: Os sentidos da paixão*. São Paulo, Companhia das Letras/Funarte, 1991.

_____ *A vida clara: Linguagens e realidade segundo Pasolini*. São Paulo, Companhia das Letras, 1993.

LEHMANN, H.T. "Remarques sur l' idée d' enfance dans la pensée de Walter Benjamin". *In: Walter Benjamin et Paris*. Paris, Cerf, 1986.

LINDNER, R. "Le passage Werk — Enfance berlinoise et l' achologie du 'pass le plus récent'". *In: Walter Benjamin et Paris*. Paris, Cerf, 1986.

LISPECTOR, C. *Um sopro de vida*. Rio de Janeiro, Nova Fronteira, 1978.

_____ *A hora da estrela*. Rio de Janeiro, Francisco Alves, 1990.

LÖWY, M. *Walter Benjamin critique du progréss: La recherche de l' experience perdue*. In: *Walter Benjamin et Paris*. Paris, Cerf, 1986.

_____ *As aventuras de Karl Marx contra o Barão de Münchhausen*. Rio de Janeiro, Busca Vida, 1987.

_____ *Redenção e utopia*. São Paulo, Companhia das Letras, 1989.

LUKÁCS, G. *Ensaios sobre literatura*. Rio de Janeiro, Civilização Brasileira, 1968.

MARX, K. & ENGELS, F. *A ideologia alemã*. São Paulo, Hucitec, 1986.

MESZÁROS, I. *Marx: A teoria da alienação*. Rio de Janeiro, Zahar, 1981.

MORSON, G. S. & EMERSON, C. *Mikhail Bakhtin: Creation of a prosaics*. Stanford, Stanford University Press, 1990.

MURICY, K. "Tradição e barbárie em Walter Benjamin". Gávea, n. 3, junho 1986, pp. 69-77.

_____ "Benjamin: Política e paixão". In: *Os sentidos da paixão*. São Paulo, Companhia das Letras/Funarte, 1991.

PALUMBO-LIOU, E. "Le narrateur: Experience, mediation et vêtement". *Revue d' Esthétique*, n. 1, 1981, pp. 163-169.

PASOLINI, P.P. *Caos: Crônicas políticas*. São Paulo, Brasiliense, 1982.

_____ *As últimas palavras do herege*. São Paulo, Brasiliense, 1983.

_____ *Os jovens infelizes*. São Paulo, Brasiliense, 1990.

PEIXOTO, N.B. "Ver o invisível: A ética das imagens". In: *Ética*. São Paulo, Companhia das Letras, 1992.

PERROTTI, E. *Confinamento cultural, infância e leitura*. São Paulo, Summus, 1990.

PRADO JR., B. *Filosofia da psicanálise*. São Paulo, Brasiliense, 1991.

ROSSELLINI, R. *Fragmentos de uma autobiografia*. Rio de Janeiro, Nova Fronteira, 1992.

ROUANET, S.P. *O Édipo e o anjo: Itinerários freudianos em Walter Benjamin*. Rio de Janeiro, Tempo Brasileiro, 1981.

_____ Razão e Paixão. In: *Os sentidos da paixão*. São Paulo, Companhia das Letras/Funarte, 1991.

SCHAFF, A. *Linguagem e conhecimento*. Coimbra, Almedina, 1964.

_____ *História e verdade*. São Paulo, Martins Fontes, 1971.

SCHNEUWLY, B. "Le 7eme chapitre de *Penseé et langage* de Vygotski: Esquisse d' un modèle psychologique de production langagièr". *Enfance*, tomo 42, 1-2/1989, pp. 23-90.

SÈVE, L. "Dialectique et psychologie chez Vygotski". *Enfance*, tomo 42, 1-2/1989, pp. 11-16.

SIGUÁN, M. *Actualidad de Lev S. Vigotski*. Barcelona, Anthropos Editorial, 1987.

SOUZA, S.J. & KRAMER, S. "O debate Piaget/Vygotsky e as políticas educacionais". *Cadernos de Pesquisa*. Fundação Carlos Chagas, n. 77, maio, 1991.

TABOURET-KELLER, A. "De quoi parle Vygotski quand il parle de la langue?" *Enfance*, tomo 42, 1-2/1989, pp. 17-22.

TODOROV, T. *Mikhail Bakhtin — The dialogical principle*. Estados Unidos, University of Minnesota Press, 1988.

VALLET, F. "No espelho do cinema". *Correio da Unesco*, Ano 19, n. 12, dez/1991.

VYGOTSKY, L.S. *The psychology of art*. Cambridge, MIT Press, 1971.

_____ Pensamento e Linguagem. São Paulo, Martins Fontes, 1987a.

_____ Imaginación y el arte en la infancia. Hispanicas, 1987b.

_____ Historia del desarrollo de las funciones psíquicas superiores. Havana, Editorial Científico-Técnica, 1987c.

_____ A formação social da mente. São Paulo, Martins Fontes, 1984.

_____ et alii. *Linguagem, desenvolvimento e aprendizagem*. São Paulo, Ícone, 1988.

WERSCH, J.V. "La mediation sémiotique de la vie mentale: L.S. Vygotsky et M.M. Bakhtin". *In*: Bronckart, J.P., *Vygotsky Aujourd' hui*. Paris, Niestlé, 1986.

YAROCHEVSKY, M.G. "Léon Vygotski: À la recherche d' une nouvelle psychologie". *Enfance*, tomo 42, 1-2/1989, pp. 119-125.

ZAZZO, R. "Vygotski (1886-1934)". *Enfance*, tomo 42, 1-2/1989, pp. 3-10.

ZIMA, P.V. "L'ambivalence dialectique: Entre Benjamin et Bakhtine". *Revue d' Esthétique*, n. 1, 1981.

POSFÁCIO

O livro que Solange Jobim e Souza nos oferece aqui não se nutre tão somente de uma veia libertária e romântica que busca, alvissareira, entrever uma porta de saída para as grandes questões das ciências humanas neste fim de século. A reflexão sobre infância e linguagem indaga, sobretudo, o que é do homem (e da mulher), o que vem a constituir o humano como construção daqueles saberes que se propõe justamente a desvendá-lo. E, finalmente, se o que dizem esses saberes faz sentido ao homem, à mulher.

Este livro aposta num percurso, numa trajetória de indagações que propositadamente escapam a uma resolução. Não há propriamente problemas a ser resolvidos, como se estivéssemos diante de uma equação matemática. Há que se preservar a evocação constantemente instigadora das indagações, mantendo-as como indagações e permanecendo com elas em "resposta meditativa", como nos sugere o filósofo Jean-François Lyotard. A grande questão em que Solange Jobim incita-nos a pensar é, certamente, a da pluridimensionalidade da aventura humana reduzida e empobrecida pela rigidez dos paradigmas cientificistas. Polifonia, lembra-nos a autora, remetendo-nos a Bakhtin: o mundo em que vivemos fala de diversas maneiras, e essas vozes se desdobram incessantemente sobre o pano de fundo da ambiguidade e da contradição. E se, porventura, nos quisermos munidos de gravadores, vídeos, computadores etc., enfim, toda a parafernália dos aparatos high-tech para poder, então, capturar tal polifonia, só conseguiremos ouvir as vozes fetichizadas e reificadas que justificam a nossa curiosidade autocomplacente. Curiosidade adoecida pelos esquemas do poder-saber; curiosidade domesticada e seduzida pelo mundo desencantado do *marketing* e da indústria cultural. E de novo, renitente, surge a questão: E o humano, onde está ele? Como se apresenta? Enfim, a curiosidade-audácia...

Pensar a infância como paradigma, como propõe a autora, significa penetrar com o olhar e a escuta na agonia humana. A infância pensada não como um período, uma fase da biografia humana, mas como um modelo desse momento pleno que é o da *agonia* (do grego, a luta contra a morte). A infância encarna sem veleidades o entrave entre a vida e a morte, ou ainda, entre a *palavra criadora* e o silêncio obituário. O *infante* não é apenas aquele que não fala (*infans*), mas aquele que luta para criar sua própria palavra, instituindo a si mesmo e o mundo que o cerca. E é por meio desse momento *pleno*, o da agonia, que a infância nos provoca constantemente, pois nos faz lembrar que sem luta não há criação verdadeira. E a criação impõe um exercício, uma *dedicação* apaixonada e turbulenta que irrompe os vários tipos de adormecimento da nossa sociedade. Paradoxalmente, no entanto, a palavra pode servir ao silêncio e à morte quando, reificada, encarcera a vida, numa reverberação monocórdia. O texto de Solange Jobim aponta justamente para essa problemática quando nos acautela para os esquemas dominantes do "fascismo do consumo" que aprisionam a realidade dentro de semiotizações prontas e descartáveis, a *fast food* para as cabeças "bem feitas". Nesse sentido, a palavra perde seu potencial libertador, revolucionário e singularizante, e torna-se aquela que nos alicia à desmemória pessoal e coletiva, fardando a todos com o mesmo uniforme rumo à saciedade ilusória. Mas não é também a criança presa fácil desses mesmos esquemas da nossa sociedade? Não estaremos nos iludindo querendo acreditar na resistência de quem é tão ou mais vulnerável à reificação da realidade?

Não me parece que a autora proponha uma única resposta a essa indagação. Após a leitura deste livro permanece uma inquietação parecida com aquela que um dia experimentamos, provavelmente na nossa infância, de quando descobrimos algo importante e precioso. A dimensão da *infância* pode ser a do anti-herói, a derrocada da razão como valor absoluto na história da humanidade. A infância, assim, só se inscreve plenamente como uma esperança, ou seja, aquela que potencialmente "negativiza" o instituído, como num sucedâneo infinito de sombras e luzes, em que aquilo que era opaco se ilumina, e o que estava iluminado se apaga. Talvez seja essa a preocupação essencial que brota nos interstícios deste livro instigante. Os sentidos e as significações com que dotamos o mundo, tão simplesmente provisórios, não se estendem mais além do que a linha do horizonte. Ou, como nos alerta o poeta Manoel de Barros, "todos os caminhos levam à ignorância"...

Destoando com ousadia dos clichês acadêmicos mais contumazes, flagrando com emoção cada pensamento, desemaranhando-se com temperança de uma certa perspectiva patriarcalista, promovendo o espanto e a dúvida, o livro de Solange Jobim e Souza começa, desenvolve-se, mas não termina... A leitura ricocheteia, os parágrafos que passaram despercebidos são desembrulhados, ainda mais uma vez, devagarinho, com sabor...

Lúcia R. de Castro